Quick Guide

Quick Guides liefern schnell erschließbares, kompaktes und umsetzungsorientiertes Wissen. Leser erhalten mit den Quick Guides verlässliche Fachinformationen, um mitreden, fundiert entscheiden und direkt handeln zu können.

Weitere Bände in der Reihe http://www.springer.com/series/15709

Uwe Rühl

Quick Guide Erfolgreiches Business-Continuity-Management

Wie Sie Geschäftsunterbrechungen überleben und gestärkt in die Zukunft gehen

Uwe Rühl
RÜHLCONSULTING GmbH
Nürnberg, Deutschland

ISSN 2662-9240 ISSN 2662-9259 (electronic)
Quick Guide
ISBN 978-3-662-63790-6 ISBN 978-3-662-63791-3 (eBook)
https://doi.org/10.1007/978-3-662-63791-3

Die Deutsche Nationalbibliothek verzeichnet diese Publikation in der Deutschen Nationalbibliografie; detaillierte bibliografische Daten sind im Internet über http://dnb.d-nb.de abrufbar.

© Der/die Herausgeber bzw. der/die Autor(en), exklusiv lizenziert durch Springer-Verlag GmbH, DE, ein Teil von Springer Nature 2021
Das Werk einschließlich aller seiner Teile ist urheberrechtlich geschützt. Jede Verwertung, die nicht ausdrücklich vom Urheberrechtsgesetz zugelassen ist, bedarf der vorherigen Zustimmung der Verlage. Das gilt insbesondere für Vervielfältigungen, Bearbeitungen, Übersetzungen, Mikroverfilmungen und die Einspeicherung und Verarbeitung in elektronischen Systemen.
Die Wiedergabe von allgemein beschreibenden Bezeichnungen, Marken, Unternehmensnamen etc. in diesem Werk bedeutet nicht, dass diese frei durch jedermann benutzt werden dürfen. Die Berechtigung zur Benutzung unterliegt, auch ohne gesonderten Hinweis hierzu, den Regeln des Markenrechts. Die Rechte des jeweiligen Zeicheninhabers sind zu beachten.
Der Verlag, die Autoren und die Herausgeber gehen davon aus, dass die Angaben und Informationen in diesem Werk zum Zeitpunkt der Veröffentlichung vollständig und korrekt sind. Weder der Verlag noch die Autoren oder die Herausgeber übernehmen, ausdrücklich oder implizit, Gewähr für den Inhalt des Werkes, etwaige Fehler oder Äußerungen. Der Verlag bleibt im Hinblick auf geografische Zuordnungen und Gebietsbezeichnungen in veröffentlichten Karten und Institutionsadressen neutral.

Planung/Lektorat: Christine Sheppard
Springer Gabler ist ein Imprint der eingetragenen Gesellschaft Springer-Verlag GmbH, DE und ist ein Teil von Springer Nature.
Die Anschrift der Gesellschaft ist: Heidelberger Platz 3, 14197 Berlin, Germany

Vorwort

„To survive and prosper" ist das große Ziel der unternehmerischen Resilienz. Für Unternehmerinnen und Unternehmer ist es ein beruhigendes Gefühl, ein Unternehmen zu betreiben, das in der Lage ist, Krisen- und Notfallzeiten zu überleben und danach sogar gestärkt in die Zukunft zu gehen. Ein schöner Wunsch, vor allem in Zeiten, die komplexer geworden sind. Unwetter, Erdbeben, Verwerfungen auf den Finanzmärkten haben durch globale Lieferketten einen Einfluss auf viele Unternehmen weltweit. Natürlich hat uns auch die SARS-Coronavirus-2-Pandemie gezeigt, wie schnell auch regionale, kleine Unternehmen in existenzbedrohliche Situationen kommen können.

Der Springer Verlag hat mit der „Quick Guide"-Reihe klar den Anwender, die Praktikerin und den Praktiker im Fokus. Es ist mein Anliegen, Ihnen in der gebotenen Kürze alles Wichtige und Wesentliche mitzugeben, damit Ihr Unternehmen überlebens- und zukunftsfähig ist und bleibt. Ganz im Sinne von #surviveANDprosper. Auf meiner Webseite bcm.surviveandprosper.com können Sie zusätzliche Vorlagen, Checklisten und andere Hilfestellungen herunterladen.

An dieser Stelle herzlichen Dank an mein Team und an Dr. Petra Folkersma für die großartige Zusammenarbeit!

Nürnberg
im Mai 2021

Uwe Rühl

Inhaltsverzeichnis

1 Die Einschläge kommen näher ... 1

2 Störung, Notfall, Krise, Katastrophe – und wie sich Business Continuity einfügt ... 5
Literatur ... 11

3 Die Ziele von Business-Continuity-Management ... 13
3.1 Prävention oder Reaktion – das ist hier die Frage ... 13
3.2 Zwei unterschiedliche Entwicklungen ... 15
3.3 Härten, Fortführen, Wiederanlauf und Wiederherstellung ... 20
3.4 Zurück zum Normalbetrieb ... 24
Literatur ... 25

4 Der Lebenszyklus des Business-Continuity-Managements ... 27
4.1 Der Aufbau der ISO 22301 ... 29
4.1.1 Den Kontext der Organisation verstehen (Kapitel 4 der Norm) ... 30
4.1.2 Führung (Kap. 5 der Norm) ... 33

	4.1.3	Planung (Kap. 6 der Norm)	34
	4.1.4	Unterstützung (Kap. 7 der Norm)	35
	4.1.5	Betrieb (Kap. 8 der Norm)	37
	4.1.6	Bewertung der Leistung (Kap. 9 der Norm)	38
	4.1.7	Verbesserung (Kap. 10 der Norm)	40
4.2		Der Business-Continuity-Lebenszyklus	40
4.3		Wer ein Business-Continuity-Management-System braucht	43
Literatur			44

5 Business-Impact-Analyse und Risikobewertung — 45
- 5.1 Ablauf einer Business-Impact-Analyse — 46
  - 5.1.1 Wie geht man eine BIA am besten an? — 48
  - 5.1.2 Strategische Business-Impact-Analyse — 49
  - 5.1.3 Taktische Business-Impact-Analyse — 51
  - 5.1.4 Operative Business-Impact-Analyse — 55
  - 5.1.5 Risikobewertung — 57
- 5.2 Prüfen der Ergebnisse und Freigabe für die nächste Phase — 59
- Literatur — 61

6 Business-Continuity-Strategien und -Lösungen — 63
- 6.1 Das Unternehmen gegen Gefährdungen schützen — 64
  - 6.1.1 Transfer — 65
  - 6.1.2 Avoidance – Vermeidung — 66
  - 6.1.3 Reduzieren — 66
  - 6.1.4 Akzeptanz — 68
  - 6.1.5 Woher Ideen für Maßnahmen ziehen? — 69
  - 6.1.6 IT-Infrastrukturen absichern — 70
- 6.2 Die Aktivitäten stabilisieren, fortführen, wieder anlaufen lassen oder wiederherstellen — 71
  - 6.2.1 Stabilisieren — 71
  - 6.2.2 Fortführen — 72
  - 6.2.3 Wiederanlauf — 73
  - 6.2.4 Wiederherstellung — 73

	6.3	Auswirkungen und Schäden begrenzen und angemessen darauf reagieren	75
		6.3.1 Management von Störungen	75
		6.3.2 Management von Notfällen	77
		6.3.3 Management von Krisen	79
	6.4	Einzelne Ressourcen – Optionen	83
		6.4.1 Personen und Verantwortungsträger	83
		6.4.2 Informationen und Daten	85
		6.4.3 Gebäude und Arbeitsplätze	87
		6.4.4 Betriebsausstattung	88
		6.4.5 Rohstoffe und Betriebsstoffe	90
		6.4.6 IT-Systeme	91
		6.4.7 Logistik und Transport	93
		6.4.8 Finanzen	94
		6.4.9 Lieferketten	96
	6.5	Kurze Zusammenfassung	97
7	**Business-Continuity-Response**		**99**
	7.1	Vorbereitung auf einen Unterbrechungsfall	100
	7.2	Reaktion im Unterbrechungsfall	103
		7.2.1 Welche Arten von Business-Continuity-Plänen gibt es?	104
		7.2.2 Was gehört in alle diese Pläne und Checklisten hinein?	105
		7.2.3 Zurück zum Normalbetrieb	108
8	**Üben und testen!**		**111**
	8.1	Tests	112
	8.2	Übungen	113
	8.3	Test und Übungsprogramm	115
	8.4	Kleiner Exkurs – Disaster Recovery Tests	116
	8.5	Testen und üben lohnt sich	117

9 Business-Continuity-Management und Unternehmenskultur — 119
9.1 Kultur der Vorbereitung — 120
9.1.1 Psychological Safety — 120
9.1.2 Situational Awareness — 120
9.1.3 Survival Mentality — 121
9.1.4 Achtsamkeit oder Mindfulness — 121
9.2 Aktive Unterstützung durch die Geschäftsleitung — 122
9.3 Indikatoren, Metriken, Reviews – Das Managementreview — 123

10 Überleben UND wachsen – Survive AND Prosper — 133

1

Die Einschläge kommen näher

> **Was Sie aus diesem Kapitel mitnehmen**
>
> - Welche Rolle ein Business-Continuity-Management-System spielt, um schwere Ereignisse als Unternehmen zu überstehen
> - Weshalb sich eine gute Vorbereitung auszahlt, damit wir als Entscheider*innen zielgerichtet agieren können

Als es im Jahr 2006 zu einem Brand in einem Industriebetrieb kam, wurde die gesamte Betriebsstätte ein Raub der Flammen. Nur das Verwaltungsgebäude und das alte Produktionsgebäude konnten gerettet werden. Das nun abgebrannte Werk war erst wenige Monate alt gewesen.

Solche Szenarien passieren regelmäßig: Der Brand eines Holz verarbeitenden Betriebs; Starkregen, der zu einer Schlammlawine führt und ein Restaurant flutet, wobei noch ein Teil des Gebäudes abrutscht, oder Eisregen, der die Stromversorgung in einer Region für Tage unterbricht.

Dabei haben solche Ereignisse gemeinsam, dass sie plötzlich oder mit oft nur sehr kurzer Vorwarnzeit eintreten. In solchen Situationen merken wir deutlich, dass wir trotz oder gerade wegen unseres technischen Fortschritts von sehr vielen Aspekten abhängig geworden sind: Stromversorgung, Wasser, Internetanschluss, Abwasser: All das muss einfach funktionieren und da sein. Weil es eben immer so war. Und doch passieren diese Dinge. Über die Ursachen wollen wir in diesem Buch nicht spekulieren. Das würde schlicht zu weit führen und uns am Ende kein Stückchen widerstandsfähiger gegen solche Ereignisse machen.

Aber zurück zum Eingangsbeispiel: Wie hat das Unternehmen im Jahr 2006 den verheerenden Brand überlebt? Und wie kommt es, dass das Unternehmen heute gestärkt auf dem Markt ist? Natürlich war es nicht die eine rettende Maßnahme, sondern es geht immer um einen Mix aus unterschiedlichen Entscheidungen, die die Überlebensfähigkeit sicherstellen. Entscheidend dafür waren ein Mix aus Versicherungen, Personalmaßnahmen (ja, es mussten Stellen zeitweise abgebaut werden), aber vor allem der Beschluss, Produktionskapazitäten vorübergehend anzumieten. Es hatte höchste Priorität, die Lieferverträge mit den wichtigsten Kunden zu erfüllen und diese in gewohnter Qualität weiter zu beliefern, um zu verhindern, dass sie abwandern. Auch für die Mitarbeiter setzte die Sicherstellung der Lieferfähigkeit ein wichtiges Zeichen. Dieses „Es geht weiter!" war entscheidend für das Durchhaltevermögen aller Beteiligten.

Plötzliche Ereignisse sind das eine: Als Entscheider*in ist man dann schlicht gezwungen zu handeln. Wie aber ist es mit Situationen, die sich langsam anbahnen? Die SARS-Coronavirus-2-Pandemie ist ein Beispiel dafür. Über Wochen hat sich eine mehr und mehr bedrohliche Situation entwickelt, zunächst in China, dann rasch auch in Europa. Die Berichterstattung in den Nachrichten wurde hektischer. Aber so richtig konnten sich viele nicht vorstellen, was da auf uns zukommen sollte. Es fehlten einfach die Erfahrungsmuster, nach denen wir Menschen versuchen, unsere Entscheidungen zu treffen. Die Pandemie der Spanischen Grippe nach dem Ersten Weltkrieg kannten viele nur aus dem Geschichtsunterricht und schließlich hat die Medizin seither ja riesige Fortschritte gemacht. Die Pandemie 1958/1959 haben viele miterlebt. Damals hat man diese aber schlicht als eine Grippe betrachtet, die schlimmer verläuft als sonst üblich.

Wir Menschen haben eine unangenehme Eigenschaft, die in unser Gehirn eingebettet ist: Wenn wir keine Entscheidungsmuster im Gehirn finden, beobachten wir, warten ab. Tut sich noch etwas? Passiert ein „Wunder"? „Na, uns wird es schon nicht treffen … " Dann kam etwas, das so in dieser Ausprägung von uns noch niemand erlebt hatte: Auf behördliche Anordnung wurden wir mit Kontaktbeschränkungen konfrontiert. Geschäfte mussten schließen. Ein kleines Gesetz zeigte plötzlich seine Macht. Zum Schutz der Gesundheit wurden weitreichende Maßnahmen ergriffen.

> Die Auswirkungen auf viele Unternehmen? Existenzbedrohend!

Die Frage für alle Unternehmer*innen und Entscheider*innen muss nun also sein, welche Mechanismen, Werkzeuge und Abläufe es braucht, um als Unternehmen zu überleben. Was müssen wir tun, um zu überleben und gestärkt aus einer solchen Zeit hervorzugehen?

Das sicher zu stellen, ist die Aufgabe des Business-Continuity-Managements (BCM). Business-Continuity-Management gibt uns Abläufe an die Hand, um sowohl mit plötzlichen Ereignissen (wie dem Brand von oben), als auch mit langsam entstehenden Störungen (wie der Corona-Pandemie) umzugehen. Oberstes Ziel ist es dabei, durch gezielte Maßnahmen das Überleben des Unternehmens zu sichern. Das zweite Ziel steht dem ersten nicht weit nach: Das Unternehmen soll gegen Unterbrechungen so widerstandsfähig wie möglich gemacht werden. Es geht um so viel mehr, als nur einen Notfallplan zu schreiben (zu diesem Begriff später noch mehr) und diesen dann wie ein Testament irgendwo abzulegen, in der Hoffnung, ihn nie selbst zu benötigen.

Business-Continuity-Management lebt vom ständigen Bewerten dessen, wovon das Unternehmen seine Existenz bestreitet: Kundenbeziehungen sowie Produkte und Dienstleistungen. Also vom Bewerten aller Aktivitäten und Prozesse, die nötig sind, um diese zu erbringen. Und der laufenden Überlegung, wie diese erbracht werden können, wenn ein plötzliches Szenario eintritt. Aber auch, wie das Unternehmen und natürlich seine Mitarbeiterinnen und Mitarbeiter am besten geschützt werden können, wenn ein Szenario wie eine Pandemie sich langsam entwickelt.

BCM lebt dabei nicht von purem Aktionismus, sondern manchmal sogar vom Abwarten, vom Erwischen des richtigen Zeitpunkts.

BCM ist auch häufig keine Sache von Tagen oder Wochen, die für die Überbrückung der Überlebensfähigkeit nötig sind, sondern von Monaten, vielleicht vielen Monaten. Das Unternehmen, das 2006 den verheerenden Brand erlebte, brauchte knapp zwei Jahre, bis ein neues Werk aufgebaut wurde. Eine Pandemie ist ebenfalls keine Sache von wenigen Wochen, sondern eher von Jahren, bis ein Zurück zum „Normal" möglich ist.

Apropos: zurück zum Normal. Dies ist häufig die größte Herausforderung für Unternehmen: Wie aus dem Notbetrieb eines Business-Continuity-Falls wieder zurückkommen in einen normalen Zustand? Und das nicht zu früh und nicht zu spät. Und festzulegen, was einen Normalbetrieb eigentlich ausmacht; wie ein neues Normal aussehen kann. Denn ein Zurück zum „Wie es vorher mal war" sollten Unternehmen gar nicht anstreben. Vielmehr geht es auch darum: Was haben sie gelernt in der Notfallsituation? Welche neuen Maßnahmen wollen Sie ergreifen, um künftig noch besser gegen Unterbrechungen geschützt zu sein? Welche neuen Ideen, vielleicht sogar Geschäftsmodelle, haben sich für Sie ergeben? Das meinen die Normen, wenn sie von „to prosper" sprechen.

In diesem Buch werden wir diese Fragen behandeln und ein Gerüst für Ihr Business-Continuity-Management-System aufbauen. Dabei orientieren wir uns am State of Art, wie er in der ISO-Normenreihe 22300 beschrieben ist. Dort haben Experten die Rahmenbedingungen und wesentlichen Aspekte durchdacht und unterschiedliche Ideen in ein Grundgerüst gepackt.

Begeben wir uns gemeinsam nun auf die Reise zu #surviveANDprosper.

Ihr Transfer in die Praxis

- Gute Vorbereitung zahlt sich aus; Menschen treffen bessere Entscheidungen, wenn sie in einer Notsituation auf einen Entscheidungsrahmen zurückgreifen können
- Ein Business-Continuity-Management-System gibt Nutzer*innen alles an die Hand, was sie benötigen, um mit Störungen und Notfällen umzugehen

2

Störung, Notfall, Krise, Katastrophe – und wie sich Business Continuity einfügt

> **Was Sie aus diesem Kapitel mitnehmen**
>
> - Begriffe, die nötig sind, um in einem Notfall oder einer Krise die gleiche Sprache zu sprechen
> - Was unter Business-Continuity-Management verstanden wird

Wenn etwas nicht so läuft wie gedacht, haben sich dafür unterschiedliche Begriffe entwickelt. Solche Begriffe sollen ausdrücken, wie schlimm eine Situation eingeschätzt wird. Wie häufig sagen wir: „Das ist ja eine Katastrophe!" Wo ist da noch eine Steigerung möglich? Vielleicht: „Wir leben in der Apokalypse?" Spaß beiseite: Wer mit schwierigen Situationen umgehen will, braucht zuerst eine klare Sprache. Die Gründe liegen auf der Hand:

- Klare Begriffe geben allen Beteiligten eine verständliche Einschätzung, wie schwierig eine Situation tatsächlich ist.
- Es ist klar, welche Personen und Kräfte an der Behandlung der Situation beteiligt sind.

- An der Einstufung der Situation ist klar festzustellen, ob sich ein Unternehmen in einem Ausnahmezustand befindet oder nicht.

Begriffe klar zu definieren und dann auch konsequent zu verwenden ist keine neue Erfindung. Zum Beispiel ist es in Notrufleitstellen, aber auch in Einsatzleitungen, z. B. der Feuerwehr, unerlässlich, klar zu verstehen, wo auf der Eskalationsleiter ein Einsatzgeschehen einzustufen ist.

Dort wird auch unterschieden, ob ein Einsatz aus der sogenannten „Allgemeinen Aufbau- und Ablauforganisation" oder mit einer „Besonderen Aufbau- und Ablauforganisation" behandelt wird. Genau dieses Vorgehen sollten wir auch in Unternehmen anwenden.

Die „Allgemeine Aufbau- und Ablauforganisation" bedeutet für Unternehmen nichts anders, als dass sich die zuständigen Führungskräfte im Rahmen ihrer alltäglichen Zuständigkeit um das Ereignis kümmern. Zum Beispiel wird der Ausfall einer Kühlanlage in einem Lager zunächst vermutlich durch das Gebäudemanagement untersucht und so versucht, den Fehler zu beheben. Gelingt dies nicht oder fehlen Ersatzteile, werden Dienstleister und Vertragspartner eingeschaltet. Diese reagieren auf die Situation innerhalb vertraglich festgelegter Zeiträume und versuchen das defekte Gerät zu reparieren und auszutauschen. Bis hierher sind wir im Unternehmen in einem Zustand, den wir mit der Allgemeinen Aufbau- und Ablauforganisation vergleichen können. Jede handelnde Person arbeitet in ihrem Fachbereich im Rahmen der Zuständigkeit und nutzt die Dienstleister, mit denen immer zusammengearbeitet wird.

Nun kann ein ausgefallenes Kühlaggregat zu einem größeren Problem für ein Unternehmen werden. Nämlich dann, wenn Ware zu verderben droht und damit die Lieferfähigkeit eingeschränkt oder gar gestört wird. Dann steigt die Hektik und es sind größere Koordinationsmaßnahmen nötig. Das Gebäudemanagement „eskaliert" die Situation an die Standortleitung des Kühllagers oder gar an die Geschäftsführung und berichtet vom Problem. Nun wird z. B. die Logistik einbezogen und beraten, ob das Kühllager geräumt und die Ware umverteilt werden soll. Doch wohin? In ein anderes Lager? An einen anderen Lagerstandort des Unternehmens? Oder doch besser gleich zum Kunden?

Sie sehen, der Abstimmungsaufwand steigt an. Die Entscheidungen müssen koordiniert werden und es ist wichtig, einen kühlen Kopf zu bewahren. Hektik führt zu falschen Reaktionen und der Schaden könnte nun deutlich größer werden, als wenn besonnen gehandelt wird. Wir schlittern nun in eine krisenhafte Situation für das Unternehmen. Und genau dieses „schlittern" gilt es zu verhindern. Entweder befindet sich das Unternehmen anhand klar zu definierender Kriterien in einer Situation, die es nötig macht, in die Besondere Aufbau- und Ablauforganisation zu wechseln oder eben noch nicht. Entscheidend ist, dass klare Kriterien für diese Entscheidung vorliegen. Und dass klar festgelegt wurde, was diese Besondere Aufbau- und Ablauforganisation ausmacht. Ein Kennzeichen ist z. B., dass Entscheidungen und Maßnahmen an einer Stelle koordiniert werden. Es wird also eine Einsatzleitung oder ein Krisenstab eingerichtet. Dort laufen nun alle Informationen ein, werden bewertet und die Entscheidungen getroffen. Von dort aus wird entschieden, ob Kunden informiert werden müssen und welche Maßnahmen von wem zu koordinieren sind. Natürlich nutzt man auch dort das Wissen und die Erfahrung aller Fachbereiche, aber die Koordination erfolgt zentral.

Besonders hervorzuheben ist hier der Umstand, dass es zeitgleich nur einen Krisenstab im Unternehmen geben darf. Entsteht ein Notfall z. B. am Lagerstandort A und dort wird ein Krisenstab eingerichtet, dann darf nicht am zweiten Lagerstandort B, zu dem die Waren umverteilt werden sollen, ebenfalls ein Krisenstab einberufen werden. Sinnvollerweise wird der Krisenstab also so eingerichtet, dass die Maßnahmen zwischen den Lagerstandorten A und B von einer Stelle aus koordiniert werden können, die den Überblick behält. Es kann also immer nur einen Krisenstab geben, der so hoch im Unternehmen angesiedelt wird, dass alle Maßnahmen dort abgestimmt werden können. Aber auch nicht zu weit vom eigentlichen Notfall entfernt, dass die Nähe und das Verständnis für die Situation fehlen. Krisenstäbe können also bei größer werdenden Ereignissen durch das Unternehmen „wandern". Dies passiert auch in der Blaulichtwelt, wenn ein Schadensereignis größer wird. Wenn z. B. mehrere Landkreise betroffen sind von einem Hochwasser, wird die Bekämpfung auf Ebene eines Bezirks oder gar eines Landes koordiniert.

Um einem Missverständnis vorzubeugen: Natürlich können und sollten unsere beiden betroffenen Lagerstandorte ihre Maßnahmen ebenfalls koordinieren, Aufträge und „Befehle" empfangen diese aber vom Krisenstab, und nur von dort!

Lassen Sie uns nun die Begriffe definieren, die für das Management von Schadensereignissen in Unternehmen relevant sein können. Wir orientieren uns hierbei an der Normenwelt. Sowohl in ISO-Normen als auch in einigen nationalen Standards wurden Begriffe festgelegt, die uns helfen können, eine einheitliche Sprache zu sprechen.

Ein einzelnes Ereignis, das vom Normalzustand abweicht, bezeichnen wir als **Ereignis** (englisch: **Event**[1]; ISO 22300:2018). Dieses Ereignis muss noch gar nichts bedeuten, erregt aber unsere Aufmerksamkeit. Um im Beispiel unseres Lagers zu bleiben, könnte beobachtet werden, dass sich die Lagertemperatur verändert hat. Sie ist noch im richtigen Bereich, steigt aber an. Ein Ereignis wird zunächst beobachtet.

Steigt die Temperatur weiter, wird vermutlich jemand die Kühlaggregate prüfen und dann feststellen, dass eine **Störung** (englisch: **Incident**[2]) eingetreten ist. Ein Kühlaggregat ist auf Störung gegangen. Nun versucht eine Technikerin oder ein Techniker, das Aggregat vielleicht neu zu starten oder den Fehler zu beheben.

Gelingt das nicht oder wird ein Ersatzteil benötigt, wird die Vertragsfirma eingebunden, die sich um die Kühlaggregate kümmert. Wir haben nun externe Hilfe angefordert. Dies würden wir z. B. auch tun, wenn wir ein Feuer in einem Unternehmensteil hätten. Wir sprechen nun von einem **Notfall** (englisch: **Emergency**[3]), den wir nur mit Unterstützung von außen behandeln können.

Auch Notfallsituationen werden in der Regel innerhalb der normalen Aufbau- und Ablauforganisation behandelt. Es braucht hier noch keine

---

[1] ISO 22300:2018 Security and resilience – Vocabulary, 3.82; Deutschsprachig DIN EN ISO 22301.
[2] ISO 22300:2018 Security and resilience – Vocabulary, 3.111; Deutschsprachig DIN EN ISO 22301.
[3] ISO 22300:2018 Security and resilience – Vocabulary, 3.77; Deutschsprachig DIN EN ISO 22301.

speziellen Koordinationsmaßnahmen über die für den Alltag definierten Zuständigkeiten hinaus.

Nun erreichen wir eine bewusste Trennlinie. Diese Trennlinie soll dafür sorgen, dass kein Unternehmen in die nächste Ebene „stolpert" oder „rutscht". Die nächste Ebene der **Krise (Crisis**[4]**)** wird bewusst ausgerufen oder erklärt.

Eine Krisensituation bedeutet, dass die Besondere Aufbau- und Ablauforganisation gilt. Dies bedeutet, dass Entscheidungen klar im Krisenstab getroffen und im Unternehmen konsequent umgesetzt werden. Diskussionen mit allen Beteiligten können nach einer Beendigung der Krisensituation erfolgen, aber nicht während der akuten Situation.

Wichtig sind noch zwei Aspekte zur Krise: Es gibt Krisensituationen, die fast aus dem Nichts – und manche langsam und schleichend – entstehen und nicht über den Weg Ereignis-Störung-Notfall kommen. Ein Krisenstab kann die Koordination jeglicher schwierigen Lage eines Unternehmens erleichtern, egal aus welcher Ecke die Situation entsteht (z. B. Liquiditätsprobleme, Kündigungswelle oder aber auch eine Entführung eines Geschäftsführungsmitglieds).

Katastrophen werden übrigens durch Behörden erklärt. Im Unternehmen behandeln wir eine durch die Behörden erklärte Katastrophe wie eine Krise. Auch wenn Begriffe wie „Disaster Recovery" etwas anderes vermuten lassen. Der Begriff entstand in den 70er-Jahren in den USA und hatte zum Ziel, tatsächlich nach katastrophalen Ereignissen eine Wiederherstellung der Betriebsbereitschaft zu erreichen. Im IT-Bereich ist „Disaster Recovery" als Begriff weit verbreitet, weshalb sich der Begriff „Katastrophe" in Unternehmen verfestigt hat.

Um aber klarzumachen, dass eine Katastrophe eine besondere Rechtslage ist, sollte der Begriff nicht gesondert im Unternehmen verwendet werden. Während einer Katastrophe übrigens können Behörden umfassenden Zugriff auf Personal und Material von Unternehmen haben, um die Schadenslage abzuwenden. So könnte der eingelagerte

---

[4] ISO 22300:2018 Security and resilience – Vocabulary, 3.59; Deutschsprachig DIN EN ISO 22301.

Tab. 2.1 Definitionen auf einen Blick

Begriff Deutsch	Begriff Englisch	Bedeutung
Ereignis	Event	Eine Beobachtung, die unsere Aufmerksamkeit erregt und potenziell zu einer Störung führen könnte
Störung	Incident	Ein Ereignis, dass unser Eingreifen erfordert, um einen normalen Zustand wieder herzustellen
Notfall	Emergency	Eine Störung, die mit eigenen Kräften nicht behandelt werden kann; wir brauchen externe Unterstützung
Krise	Crisis	Ein Ereignis, das volle Aufmerksamkeit erfordert und mit einer besonderen Organisation (Krisenorganisation) behandelt wird

Treibstoffvorrat für die Netzersatzanlage („Notstromdiesel") durch Behörden umverteilt werden an Kliniken oder Heime, die diesen Treibstoff dringend benötigen. Diesen Umstand sollten Sie bei der Planung Ihrer Maßnahmen berücksichtigen (vgl. Tab. 2.1).

Business-Continuity-Management
BCM als Disziplin lässt sich nun besser einordnen in die Zustände, die wir eben definiert haben. BCM steht dabei aber nicht für sich allein, sondern es wird eingebettet in die Störungs- und Notfallorganisation und meist durch das Krisenmanagement koordiniert; zumindest in der Initialphase.

Genauer gesagt ist BCM eine Überlappung und Verbindung der unterschiedlichen Zustände. Eine Störung, die sich nicht zeitnah und mit Routinemitteln beheben lässt, wird zur Notfallsituation. Hier kann es bereits entscheidend sein, dass das Business-Continuity-Management schon im Stand-by ist, um für eine Fortführung eines nötigen Betriebsniveaus zu sorgen, den schnellstmöglichen Wiederanlauf oder die Wiederherstellung einzuleiten. Der richtige Zeitpunkt ist dabei entscheidend für den Erfolg des Business-Continuity-Managements. Begleitet werden die Maßnahmen gerade in der Initialphase meist durch das Krisenmanagement, sofern es im betroffenen Unternehmen so verankert ist.

Allerdings stimmt diese Aussage nur zum Teil. Es ist nicht nur Ziel des Business-Continuity-Managements abzuwarten, bis es gebraucht wird und dann von Zauberhand dafür zu sorgen, dass dem Unternehmen hoffentlich kein unverhältnismäßiger Schaden entsteht.

BCM ist eine Daueraufgabe. Denn es geht vor allem darum, eine solche Unterbrechungssituation gar nicht erst entstehen zu lassen. Im Kern ist es wichtig, das Unternehmen so zu „härten", dass eine Unterbrechung möglichst vermieden wird. BCM setzt im Risikomanagement an, verbindet sich in das Störungs- und Notfallmanagement und, wie wir eben gesehen haben, natürlich auch in das Krisenmanagement.

Lassen Sie uns das im nächsten Kapitel genauer unter die Lupe nehmen.

> **Ihr Transfer in die Praxis**
> - Definieren Sie Begriffe eindeutig in Ihrem Unternehmen; damit erreichen Sie nicht nur, dass eindeutig kommuniziert wird, sondern Sie legen auch die Basis für Eskalationen
> - Business-Continuity-Management bettet sich in alle diese Ebenen von Ereignissen ein, um funktionieren zu können

Literatur

ISO 22300:2018 Security and resilience – Vocabulary, International Organization for Standardization, 2018, Genf.

3

Die Ziele von Business-Continuity-Management

> **Was Sie aus diesem Kapitel mitnehmen**
>
> - Wie sich Ereignisse plötzlich oder langsam entwickeln können und was das für Ihre Vorbereitung bedeutet
> - Wie Sie Ihre Organisation für Ereignisse härten, wie Sie Tätigkeiten fortführen, Aktivitäten wieder anlaufen lassen oder Ressourcen wieder herstellen können

3.1 Prävention oder Reaktion – das ist hier die Frage

Wie bereits in Kap. 2 angeklungen, geht es im Business-Continuity-Management nicht um einen rein reaktiven Ansatz, der greift, wenn eine Störung oder ein Notfall eingetreten ist. Das ist eines der häufigsten Missverständnisse. Aussagen, wie „Wir haben einen Notfallplan" hört man in der Praxis sehr häufig und oft klingen sie wenig überzeugend.

Prävention ist das große Ziel. „Die Überlebensfähigkeit des Unternehmens für Unterbrechungs- und Störungssituationen erhöhen" ist das Motto!

Was leider häufiger vernachlässigt wird, ist der mit der Einführung von Business-Continuity-Management verbundene Analyseaufwand. Es gab einen britischen Standard für BCM, der ein Kapitel „Understanding the organization[1]" besaß. Das machte Anwender erstmal stutzig: Wieso denn die eigene Organisation verstehen lernen? Schließlich kennt man das eigene Unternehmen doch bestens und versteht die Schwachstellen. Die Praxis zeigt aber, dass genau das oft nicht der Fall ist. Abhängigkeiten von Prozessen und Aktivitäten zu den Produkten und Dienstleistungen zu verstehen, Abhängigkeiten von Prozessen untereinander, zu Lieferketten und dann zu einzelnen IT-Anwendungen, Rohstoffen, Personen – das wäre die Basis. Es gibt aber Unternehmen, die über diese initiale Phase nie wirklich hinausgekommen sind, weil Diskussionen ausgeartet und handfeste Ergebnisse in weiter Ferne gerückt sind. Noch schwieriger wird es, wenn es um die Frage der Verwundbarkeit des Unternehmens für Unterbrechungsszenarien geht. Auch hier: Lange, wenig fruchtbare Diskussionen, die keine Ergebnisse bringen. Deshalb werden wir später dieser elementaren Phase ein ausführliches Kapitel des Buches mit Praxishilfen widmen.

Will eine Organisation aber tatsächlich widerstandsfähiger werden, muss sie durch diese Phase hindurch. Denn in der Folge geht es um die Frage, welche Strategien und Ansätze hilfreich, aber auch wirtschaftlich sinnvoll sind, um mit potenziellen Unterbrechungen umzugehen oder sie idealerweise zu verhindern. Das richtige Maß zu treffen, den richtigen Mix aus Maßnahmen, akzeptierten Risiken und Versicherungslösungen zu finden, ist ein herausforderndes Unternehmen.

Natürlich ist es wichtig abzuwägen, welche Maßnahmen sich lohnen, um eine Unterbrechung, die von der Eintrittswahrscheinlichkeit her eher unwahrscheinlich ist, zu verhindern. Genau diese Frage der Eintrittswahrscheinlichkeit aber kann zu den Wurzeln vieler Übel werden.

---

[1] British Standard BS 25.999–2:2007, 4.1 (zurück gezogen).

Nicolai Nassim Taleb schreibt in seinem Buch „Fooled by Randomness" darüber, dass wir uns als Menschen gerne von gefühlten Wahrscheinlichkeiten an der Nase herumführen lassen. Hand aufs Herz: Die Wahrscheinlichkeit, dass eine Pandemie wie SARS-CoV2 eintritt, die haben viele Unternehmen noch als „möglich" eingestuft. Aber wer konnte sich tatsächlich vorstellen, dass auf behördliche Anordnung hin Geschäfte, Restaurants und zum Teil auch die Produktionen gestoppt wurden?

BCM will also im Idealfall eine möglichst breite Unterstützung für die Überlebensfähigkeit bieten und sich gar nicht zu sehr im Klein-Klein der einzelnen Szenarien verlieren. Es geht um einen Abwägungsprozess zwischen Reaktion und Prävention.

Und eine wichtige Schlussfolgerung sollten wir hier bereits ziehen: Die ideale und für alle Anlässe passende Lösung gibt es nicht. Risikomanagement ist ein ständiger Begleiter des Business-Continuity-Managements.

3.2 Zwei unterschiedliche Entwicklungen

Business-Continuity-Fälle können sich grundsätzlich aus zwei Richtungen entwickeln. Zunächst betrachten wir plötzliche Ereignisse, die innerhalb kurzer Zeit eine Unterbrechung des Geschäftsbetriebs herbeiführen können.

Ein typisches Beispiel ist ein Stromausfall. Dieser kündigt sich in der Regel nicht im Vorfeld an, es wird also plötzlich dunkel und die Produktionshalle erstarrt mitten in der Geschäftigkeit. Nun gibt es sehr unterschiedliche Ursachen für einen Stromausfall, von denen aber die Mitarbeiter*innen ihres Unternehmens zu diesem Zeitpunkt noch nichts wissen. Liegt es am Fehlerstromschutzschalter? Oder ist der Strom vom Versorger ausgefallen und kommt aber innerhalb von wenigen Minuten wieder? Oder besteht sogar ein überregionales Problem, das sich erst durch aufwendiges Eingreifen der Netzbetreiber wieder in den Griff bekommen lässt?

Auf der Basis dessen, was wir bisher diskutiert haben, beginnt nun das Störungsmanagement des betroffenen Unternehmens. Fehlerstromschutzschalter und Sicherungskästen werden geprüft, Informationen eingeholt und es wird versucht herauszufinden, wie schnell der Strom wieder anlaufen kann. Bis dahin steht die Produktion vermutlich zunächst still. Aber die Auswirkung des Stromausfalls in einer Region kann sehr unterschiedliche Auswirkungen haben. Ein IT-Unternehmen müsste bei einem Stromausfall Datenverluste hinnehmen, weshalb hier versucht wird, durch unterbrechungsfreie Stromversorgungen (USV) entweder die Server kontrolliert herunterzufahren oder im Fall eines Rechenzentrums so lange zu überbrücken, bis die Notstromgeneratoren einsetzen. Im Idealfall laufen die Server unbeeinträchtigt weiter und die Dienstleistungen bleiben verfügbar.

Wie aber sieht es in einem landwirtschaftlichen Betrieb aus? Etwa in der Milchproduktion, also dort, wo Kühlanlagen nötig sind. Ein längerer Ausfall der Stromversorgung kann hier zu massiven Einbußen, ja zum völligen Verderben der Ware führen.

Andere Unternehmen warten einfach, bis der Strom wieder da ist, und weiter geht's – hoffentlich. Nun unterliegen wir Menschen häufig, aber auch gefährlichen Täuschungen. Zum Beispiel: Mein Smartphone hat noch mehr als genug Akku, mein Laptop ist geladen. Ich kann also locker weiterarbeiten. Nur hilft dies wenig, wenn die Funkzellen der Mobilfunknetzbetreiber nach wenigen Stunden bereits über keine Batteriestromversorgung mehr verfügen. Wenn Einwahlpunkte ins Internet ausfallen – dann helfen das schönste Smartphone und der volle Laptop-Akku nur bedingt.

Wir hängen von Infrastrukturen ab und tun gut daran, diese Abhängigkeiten so zu verstehen, dass wir in der Lage sind, kluge Entscheidungen für unser eigenes Business-Continuity-Management zu treffen. Nicht jedes Unternehmen braucht USV und Notstromversorgung. Aber viele Unternehmen eben doch.

Noch spannender wird es, wenn wir noch mal zu einem der Anfangsbeispiele zurückkehren: Ein großes Kühllager für Lebensmittel ist vom Stromausfall betroffen. Wann sollte dieses Unternehmen beginnen, Lebensmittel umzuverteilen, also in andere nicht betroffene Lager zu bringen oder gar an Kunden zu liefern? Dafür ist es entscheidend zu wissen, wie lange das Kühllager die Temperatur halten kann, wann und wie es Sinn macht, das Lager zu räumen und umzuverteilen. Dabei muss die Kühlkette sichergestellt werden. Sind genug Fahrzeuge vorhanden?

3 Die Ziele von Business-Continuity-Management

Ist bekannt, wohin welche Lebensmittel gebracht werden können? Dieser Fall ist besonders nervenaufreibend, weil es darum geht, nicht zu spät zu agieren (sonst verderben wertvolle Lebensmittel), aber auch nicht zu früh in Panik den Schaden noch zu vergrößern. Es geht also darum, abzuwarten, die Situation zu beobachten und dann zum richtigen Zeitpunkt zu handeln.

Neben Stromausfällen gibt es noch eine große Bandbreite an Ereignissen, die zu einer plötzlichen Unterbrechung des Geschäftsbetriebes führen könnten. Brände, Unfälle, Schadsoftware auf ihren Servern, aber auch Personalausfall durch eine plötzliche Erkrankung können Ursachen sein.

Ein Schaubild, das in den Normen und Standards zum Business-Continuity-Management gerne verwendet wird, zeigt uns vereinfacht die Situation (siehe Abb. 3.1). Plötzlich bricht die Produktion zusammen und bleibt stehen. Auf der Y-Achse sehen wir den Output des Produktionsprozesses, also das, was als Ergebnis an Kunden geliefert wird. Egal, ob dies hier Dienstleistungen oder Erzeugnisse sind, die an interne oder externe Abnehmer gehen. Auf der X-Achse tickt die Uhr. Die untere (gestrichelte) Linie zeigt, was ohne Business-Continuity-Management passiert. Der Prozess bleibt unterbrochen, erholt sich

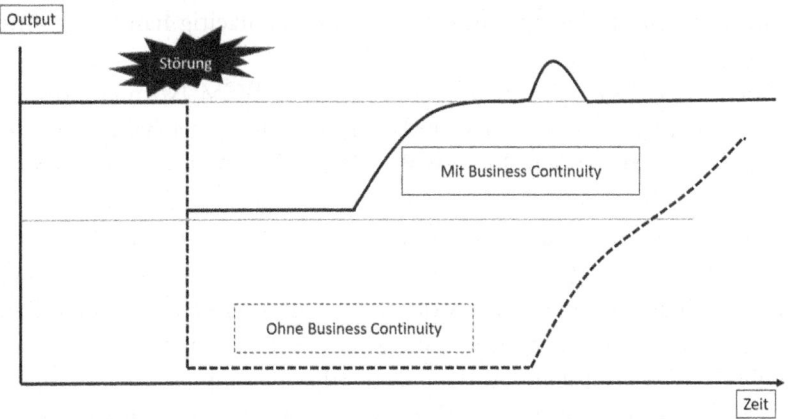

Abb. 3.1 Plötzliche Unterbrechung. (Quelle: Eigene Abbildung in Anlehnung an International Organization for Standardization: ISO 22313, Figure 2)

später und langsamer. Die (durchgezogene) Linie zeigt den Idealzustand: der Prozess kommt nie wirklich zum Erliegen, sondern kann in einer vorher festgelegten Weise weiter produzieren. Die Erholung zum normen Produktionsniveau geschieht deutlich früher, nachdem möglicherweise ein Peak für Nacharbeiten nötig war.

Dieses Bild stellt ein Ideal dar. Nicht immer ist es möglich, ein Einbrechen des Prozesses oder der Produktion ganz zu verhindern. Dazu braucht es Mechanismen wie im Beispiel oben – USV und Netzersatzanlage. Manchmal reicht es, einen mobilen und geeigneten Generator erst zu besorgen, wenn die Stromversorgung für eine gewisse Zeit unterbrochen ist. Dann wäre es aber sinnvoll zu wissen, welche Leistungswerte ein solcher Generator haben muss und wo dieser organisiert werden kann, wenn vielleicht die ganze Region gerade nach Generatoren sucht.

Dabei gilt leider: Verlassen Sie sich nicht auf Behörden und Hilfsorganisationen. Die Notstromerzeuger von THW, Bundeswehr oder Feuerwehr sind bereits verplant und stehen in der Regel Unternehmen nicht zur Verfügung. Und umgekehrt (das muss leider auch gesagt werden) könnte es bei einer großen Schadenslage sogar dazu kommen, dass die Gefahrenabwehrbehörden ihre Netzersatzanlage beschlagnahmen, um sie an einer anderen Stelle einzusetzen.

Kommen wir nun zur zweiten Kategorie: Ereignisse, die sich langsam entwickeln; zumindest so langsam, dass wir rechtzeitig handeln können (vgl. Abb. 3.2).

Auch dazu gibt es ein Schaubild in den BCM-Normen, das auf den ersten Blick der Abb. 3.1 ähnlich sieht. Die gestrichelte Linie verdeutlicht die Situation ohne strukturiertes BCM. Ein Unternehmen „schlittert" ohne wirkliche Vorbereitungszeit in eine Situation, die zur Unterbrechung der Produktion führt. Ein Beispiel wäre eine Pandemie, aber auch Wetterlagen, die sich ankündigen, wie Stürme und Hochwässer, fallen in diese Kategorie. Die Unternehmen handeln dann häufig zu spät, zu wenig konsequent und versuchen noch so viel wie möglich herauszuholen. Anders sieht die gepunktete Linie unseres Idealzustandes mit BCM aus. Das Unternehmen reagiert frühzeitig auf Warnungen und Meldungen und bringt das Unternehmen in einen Schutzzustand. Dieser ist so gestaltet, dass die Produktion nicht unter

3 Die Ziele von Business-Continuity-Management 19

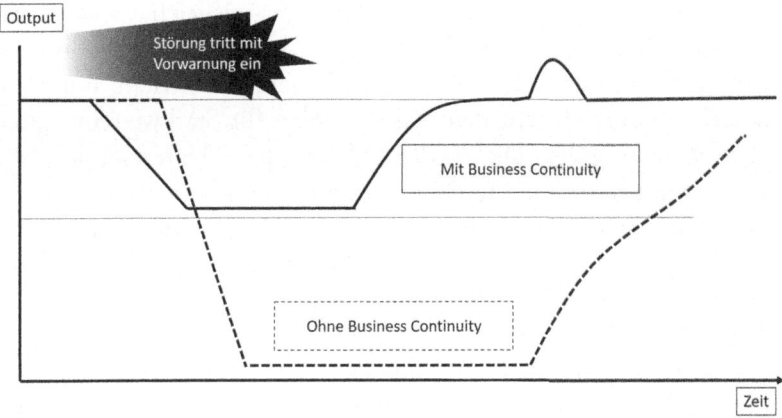

Abb. 3.2 Plötzliche Unterbrechung. (Quelle: Eigene Abbildung in Anlehnung an International Organization for Standardization: ISO 22313, Figure 3,)

ein Niveau fällt, das nötig ist, um die wichtigsten Kunden zu beliefern. Und sollte die Produktion unterbrochen werden müssen, kann diese rechtzeitig wieder anlaufen.

Lassen Sie uns das wieder an einem Beispiel betrachten. Der Wetterdienst gibt eine Warnung vor starken Schnellfällen für die Folgetage in einer Region heraus. Das Unternehmen hört die Nachrichten wohl, aber da es keine Entscheidungswege und klaren Zuständigkeiten gibt, wird keine bewusste Entscheidung getroffen, wie mit der Warnung umgegangen werden soll. Und überhaupt: Bei den letzten größeren Schneefällen war es auch nicht so schlimm. Die Streu- und Räumdienste machten einen guten Job. Es würde auch diesmal gut gehen. Über Nacht dann kam der Schnee. Viel Schnee. Und vor allem nasser Schnee. Mitarbeiterinnen und Mitarbeiter kamen kaum durch zum Arbeitsplatz, viele fuhren gar nicht erst los, da auch die Schulen geschlossen waren. Die Nachrichten riefen dazu auf, zu Hause zu bleiben. Das eigentliche Problem für das Unternehmen war aber, dass es so stark geschneit hatte, dass man Angst um die Tragfähigkeit des Hallendaches haben musste. Wie sollte man das mit den wenigen Mitarbeitern, die erschienen waren, anpacken? Und wie sollte diese Räumaktion sicher gestaltet werden? An Produktion war nicht zu denken an diesem Tag.

Ein Unternehmen mit BCM hätte sich vielleicht anders verhalten. Die Wetterwarnung wurde durch den zuständigen Business-Continuity-Manager aufgenommen und dem Krisenstab mitgeteilt. Gemeinsam wurde entschieden, dass der Plan für Starkwetterereignisse aktiviert werden sollte. Dies bedeutete für dieses Unternehmen, dass mindestens am nächsten Tag die Produktion ausgesetzt werden würde. Kunden wurden darüber informiert und auch die Mitarbeiter*innen instruiert, am nächsten Tag nicht zur Arbeit zu kommen. Ausnahmen galten für das festgelegte Kernteam, das sich um die Sicherung des Gebäudes kümmern sollte. Diese übernachteten diese Nacht im nur wenige Meter entfernten Hotel, um die Lage vor Ort zu beobachten. Rechtzeitig konnten Maßnahmen eingeleitet werden, um die Schneelast vom Hallendach zu beseitigen. Material, von Schneeschaufeln bis zur Absturzsicherung, war bereitgestellt. Schon am übernächsten Tag konnte die Produktion in vollem Umfang wieder anlaufen.

In diese Kategorie fallen auch Pandemien und Epidemien, wenn es darum geht, Kernteams des Unternehmens zu bilden. Die Produktion soll stabilisiert werden bei gleichzeitiger Minimierung des Infektionsrisikos für alle.

3.3 Härten, Fortführen, Wiederanlauf und Wiederherstellung

Wir sprachen schon mehrfach über die Folgen einer Unterbrechung der Produktion. Wichtig ist festzulegen, wann eine solche Unterbrechung für das Unternehmen nicht mehr tragbar ist. Dies bedeutet schlicht und ergreifend zu bewerten, welche Auswirkungen einer Unterbrechung für das Unternehmen nicht mehr tolerabel ist.

Dabei kann es unterschiedliche Qualitäten von Auswirkungen geben. Zum Beispiel, ob es Verletzte oder gar getötete Personen geben könnte, Auswirkungen auf die Umwelt und das Umfeld des Unternehmens, dass gesetzliche Anforderungen nicht mehr eingehalten werden können oder Vertragsverletzungen oder finanzielle Auswirkungen dadurch, dass das Unternehmen nicht mehr liefern kann. Manche dieser Auswirkungen

3 Die Ziele von Business-Continuity-Management

sind nicht diskutabel und sollen nach Möglichkeit generell verhindert werden, andere Auswirkungen entstehen vielleicht erst über einen Zeitraum von Stunden, Tagen oder gar Wochen. Nehmen wir zum Beispiel die finanziellen Auswirkungen, wenn nicht produziert werden kann. Vielleicht hat das Unternehmen einen guten Lagerbestand bei Zwischenhändlern und weiß, dass es einige Tage ohne Produktion überstehen und die fehlende Produktion durch einige Sonderschichten aufholen kann. Ein IT-Dienstleister wird es sich allerdings nicht leisten können, mehrere Stunden, geschweige denn mehrere Tage, nicht lieferfähig zu sein.

Entsprechend sollten wir unterscheiden, wie wir im BCM reagieren. Einige Beispiele haben wir bereits im vorherigen Unterkapitel gesehen.

Wir haben zunächst die Option, die Organisation zu **härten**. Ziel soll es sein, die Unterbrechung möglichst gar nicht erst entstehen zu lassen. Dies geschieht z. B. durch Rückfallebenen, die sofort greifen, wie unterbrechungsfreie Stromversorgung oder Notstromgenerator. IT-Dienstleister berücksichtigen schon in der Architektur ihrer Lösungen, dass diese möglichst ausfallsicher sind. Dies bedingt einen hohen (wirtschaftlichen) Aufwand, der sich immer nur dann rechnet, wenn eine Unterbrechung nicht tolerabel ist. Dies sehen wir vor allem bei kritischen Infrastrukturen, wie Stromversorgern, Klinken und Blaulichtorganisationen.

Fortführen hingegen bedeutet, dass eine Unterbrechung durchaus eingetreten sein kann, das Unternehmen aber in der Lage ist, den Betrieb recht schnell wieder anlaufen zu lassen. Im Beispiel: Der Strom ist wieder da, es kann weiter gehen. Hier muss aber dafür gesorgt werden, dass durch die Unterbrechung selbst möglichst keine zusätzlichen Schäden und schon gar keine Gefahren entstehen. Deshalb können auch dafür teils sehr aufwendige Maßnahmen erforderlich sein, wenn z. B. Maschinen gekühlt werden müssen.

Wiederanlauf hingegen bedeutet, dass z. B. eine Produktionsstätte aus der Unterbrechung wieder gestartet werden muss. Diese Wiederanläufe können teils komplex sein und einen großen Abstimmungsaufwand bedeuten. Geräte müssen vielleicht neu justiert und kalibriert werden,

Ausschuss wird entfernt. Ein solcher Wiederanlauf kann Stunden bis Tage in Anspruch nehmen und auch eine Koordination mit externen Partnern und Dienstleistern bedeuten. Möglicherweise werden Ersatzteile oder Ersatzgeräte gebraucht, die entweder vom Unternehmen selbst vorgehalten werden oder über Vertragspartner beschafft werden müssen.

Wiederherstellung dagegen heißt nichts anderes, als dass zerstörte, verlorene Maschinen, Produkte oder Daten wieder hergestellt werden müssen, sodass eine Produktion möglich wird. Zum Beispiel muss nach einem Hochwasser der Maschinenpark gereinigt, die Steuerelektronik ausgetauscht und Material neu beschafft werden. Möglicherweise sind Gebäude beschädigt und die Produktion muss gar verlagert werden. Verlorene Daten werden neu erfasst. Diese Variante dauert Tage, Wochen, ja in einigen Fällen Jahre, bis die gewohnten Produktionsabläufe und Kapazitäten wieder erreicht worden sind.

Ein Wort zum Umgang mit Daten im Unterbrechungsfall. Wenn Prozesse und Systeme unterbrochen sind, kann es auch zu einem Verlust an Daten oder zu einer verminderten Kontrolle über Daten kommen. Vermutlich kennt jeder das Gefühl, wenn der Rechner einen „Blue-Screen" anzeigt und die letzten Minuten schweißtreibender kreativer Arbeit verloren gegangen sind. Meine automatische Speicherung von Office-Dokumenten steht auf 1 min, weil ich dieses Gefühl kenne. Nun multiplizieren wir dieses Gefühl auf ein ganzes Unternehmen, und bedenken, dass nicht nur Office-Dokumente betroffen sein können. Der Datenverlust kann immens sein. Besonders schwierig wird es, wenn das Unternehmen verpflichtet ist, Transaktionen nachzuweisen oder andere gesetzliche Nachweispflichten erfüllen muss. Dafür ist es wichtig, schon bei der Planung ein sogenanntes „Recovery Point Objective" (RPO) zu ermitteln. Etwas flapsig formuliert sagt diese Kennzahl aus, wie viel Datenverlust wir uns leisten wollen. Dabei geht es immer um den maximalen Zeitraum, den das letzte Backup der Daten zurückliegen darf. Ein Beispiel: wenn Ihr RPO 24 h beträgt, also eine Datensicherung pro Tag, dann haben Sie im schlimmsten Fall die

Daten eines kompletten Arbeitstages verloren, weil die Unterbrechung kurz vor dem nächsten geplanten Backup passiert ist.

Die RPO kann sehr wohl von IT-System zu IT-System abweichen. Es gilt: Je kürzer die Zeit, umso teurer werden die Backup-Lösungen. Hochverfügbarkeitsanforderungen, die keinen Datenverlust zulassen, brauchen natürlich eine hochverfügbare und mehrfach redundante Infrastruktur. Um die unterschiedlichen Anforderungen technisch umsetzten zu können, macht es Sinn, Gruppen zu bilden und Systeme gemeinsamen Anforderungen zu unterstellen.

Solche Gruppen können sein

RPO 0 kein zulässiger Datenverlust
RPO 4 Std mindestens 6 Backupläufe pro Tag
RPO 8 Std mindestens 3 Backupläufe pro Tag
RPO 24 Std ein Backuplauf pro Tag

Achten Sie dabei darauf, dass die Backups auch wirklich durchgelaufen sind, das heißt alle Daten ordnungsgemäß gesichert wurden. Prüfen Sie regelmäßig, ob Sie aus dem Backup die Daten und Systeme wieder herstellen können. Sichern Sie nicht nur Daten, sondern Ihre Systeme, damit diese im schlimmsten Fall neu installiert werden können.

Empfohlen wird von Spezialisten ein 3–2–1 Prinzip: mindestens 3 Backup-Kopien auf mindestens 2 Medien (z. B. Backup-to-Disk und Backup-to-Tape), wovon mindestens eine Backupkopie offline gelagert wird, also nicht mit dem Netzwerk des Unternehmens aktiv verbunden ist.

Für Unternehmen bietet es sich an, ein Backup-Konzept zu erstellen, das festlegt, wie lange Backups aufbewahrt werden müssen und welche Arten von Backups erstellt werden sollen.

3.4 Zurück zum Normalbetrieb

Ob es ein „Weiter wie zuvor" nach einem Notfall und einer Unterbrechung gibt, ist vermutlich eher eine philosophische Frage. Es ist eine Sache, wieder zum gleichen Produktionsniveau zu gelangen, es ist eine andere, verlorene Produktion oder auch vorübergehende Datenverluste auszugleichen.

Dazu können zum Beispiel zusätzliche Schichten oder Mehrarbeit erforderlich sein, um Lagerbestände bei Kunden wieder aufzufüllen. Oder um Daten in den Systemen nach zu erfassen, die während des Notbetriebs vielleicht nur in Papierform erfasst worden sind.

Auch dafür bietet es sich an, Planungen vorzuhalten. Dazu gehören Fragen, wie etwa ein vorübergehender Schichtbetrieb gestaltet werden kann. Logistik muss in diesen Fällen vielleicht anders organisiert werden, Zwischenlager müssen bereitstehen.

Elementar ist auch die offizielle Beendigung eines Notbetriebes, also den Normalzustand auszurufen und dafür Mitarbeitende und ggf. auch Kunden zu informieren. Und bitte nicht zu vergessen, jeden Notbetrieb ausführlich im Nachgang zu analysieren, um zu prüfen, ob die Planungen valide waren oder justiert und ggf. ergänzt werden müssen. Nach dem Notfall ist vor dem nächsten Notfall.

Ihr Transfer in die Praxis

- Je nach Ereignis können Sie Ihr Unternehmen härten und damit weniger empfänglich für ein Ereignis machen
- Planen Sie, wie Sie Tätigkeiten und Prozessen entweder fortführen, wieder anlaufen oder wiederherstellen können
- Sie sollten berücksichtigen, wie Sie nach einem Ereignis wieder in einen geregelten Normalbetrieb kommen können
- Beachten Sie dabei, dass Ereignisse sowohl plötzlich auftreten (z. B. Stromausfall) oder langsam entstehen können (und Sie damit Vorlaufzeiten haben und Ihr Unternehmen besonders schützen oder vorbereiten können

Literatur

BS 25999-2:2007 Business Continuity Management Systems, Requirements, The British Standards Institution, 2007, London. (zurückgezogen).

4
Der Lebenszyklus des Business-Continuity-Managements

> **Was Sie aus diesem Kapitel mitnehmen**
>
> - Wie ein Business-Continuity-Management-System nach ISO 22301 aufgebaut ist und weshalb dieser Ansatz für den langfristigen Erfolg Ihres BCM wichtig ist
> - Wie der Business-Continuity-Lebenszyklus aufgebaut ist und was die einzelnen Elemente für Ihr Business-Continuity-Management bedeuten
> - Ob sich ein zertifiziertes BCMS für Ihr Unternehmen lohnt

Im Lauf der Jahre hat sich ein einfacher vierphasiger Kreislauf für Business-Continuity-Management[1] herauskristallisiert. Der Zyklus läuft in einem Unternehmen immer wieder von Neuem durch und ist auf stetiges Lernen ausgerichtet, ähnlich dem von Deming definierten Plan-Do-Check-Act-Zyklus.[2]

Wichtig ist aber zu erwähnen, dass es bei weitem nicht reicht, nur dem Kreislauf zu folgen, sondern Business Continuity im Unternehmen

---

[1] In Anlehnung an British Standard BS 25999-2 (zurückgezogen).
[2] Benannt nach W. Edwards Deming†, US-amerikanischer Ingenieur.

zu verankern. Dazu gehört es, dass die Geschäftsführung die nötigen Voraussetzungen schafft und eine – nennen wir sie – Continuity-Kultur im Unternehmen verankert.

Dazu später mehr im Detail. Die Frage ist, wie und nach welchen Rahmenwerken ein BCMS, also ein System für Business-Continuity-Management, im Unternehmen verankert werden soll. Um diese Frage zu beantworten, macht es Sinn, in die Normenwelt zu schauen. Es gibt einige Rahmenwerke, die meist von nationalen Institutionen veröffentlicht wurden. In Deutschland zum Beispiel vom Bundesamt für Sicherheit in der Informationstechnik. Und es gibt Rahmenwerke, die von Institutionen wie dem Business Continuity Institute (BCI) angeboten und geschult werden.

Hier wollen wir uns der Essenz dieser unterschiedlichen und doch sehr ähnlichen Ansätze widmen. Wir finden diese in Form der ISO 22301, dem internationalen Standard für Business-Continuity-Management-Systeme (BCMS). Genauer gesagt, gibt es eine ganze Reihe an Normen in der ISO 22300 Reihe, die hilfreich sein können, ein BCMS aufzubauen und zu betreiben. Besonders zu erwähnen ist ISO 22300, die durch ihre Definitionen hilft, Verständnis für die unterschiedlichen Begriffe zu schaffen, und ISO 22313, die als Leitfaden Tipps für die Umsetzung eines BCMS gibt.

Lesenswerte Normen aus der ISO 22300-Reihe

- ISO 22300 – Begriffe und Definitionen
- ISO 22301 – Anforderungen an ein Business-Continuity-Management-System
- ISO 22313 – Leitfaden für die Einführung eines BCMS

Vielleicht noch am Rand zu erwähnen ist, dass ISO 22301 den Status als europäische Norm (EN) und damit auch automatisch als nationale Norm in Deutschland und Österreich hat. Auch in der Schweiz ist sie als nationale Norm verankert, da die Schweiz sich dem europäischen Normungskomitee angeschlossen hat.

ISO 22301 gibt es seit dem Jahr 2012 und wurde im Jahr 2019 in ihrer zweiten (und überarbeiteten) Fassung veröffentlicht. In ihr wurden, wie bereits erwähnt, Grundlagen unterschiedlicher nationaler Standards verarbeitet. Sie ist zertifizierbar, was insbesondere für Unternehmen interessant sein kann, die gegenüber Auftraggebern ein systematisches Continuity Management nachweisen wollen.

4.1 Der Aufbau der ISO 22301

Die Struktur der ISO 22301 folgt der von der ISO verbindlich festgelegten Struktur aller Managementsystemnormen (genannt High Level Structure). Damit ist sichergestellt, dass die Norm kompatibel zu anderen Managementsystemnormen ist, z.B. zur ISO 9001 oder ISO/IEC 27001. Im Idealfall werden die Managementsysteme im Unternehmen zu einem Integrierten Managementsystem verbunden, das auch als Business Management System bezeichnet werden kann.

Der Inhalt der Norm ist kurz und in Tab. 4.1 dargestellt.

Spannend für den Aufbau eines BCMS sind die Kapitel 4 bis 10, in denen alle Elemente verankert sind. Zuerst muss man wissen, dass sich die „eigentlichen" Business-Continuity-Themen schwerpunktmäßig im Kap. 8 „Betrieb" finden. Die übrigen Kapitel bilden den Rahmen, den Unterbau, für ein funktionierendes Continuity Management, das mehr bieten soll als Notfallpläne für die Schublade. Pläne, die als sogenannte „Schrankware" verstauben, mögen gut sein, um das eigene Gewissen zu beruhigen und die eine oder andere formelle Nachfrage von Kunden oder Auditoren zu beantworten. Wer aber sicherstellen möchte, dass das Unternehmen wirklich überlebensfähig ist, muss das Business-Continuity-Management laufend an sich verändernde Bedingungen anpassen und die Wirksamkeit der Planungen prüfen. Die Geschäftsführung (in der Normensprache wird der Begriff „oberste Leitung" verwendet) legt die Messlatte fest, wie tief das BCMS in der Organisation verankert werden soll.

Lassen Sie uns den Aufbau eines BCMS genauer betrachten. Zu jedem Kapitel finden Sie Fragen und Checkpunkte, die Sie bei der Einführung berücksichtigen sollten.

Tab. 4.1 Übersicht über den Aufbau von ISO 22301

Kapitel	Inhalt	Kurze Beschreibung
Vorwort	Vorwort	Weshalb die ISO diesen Standard entwickelt hat
Einführung	Einführung	Grundverständnis zum Aufbau eines BCMS
1	Geltungsbereich der Norm	Welche Arten von Organisationen diese Norm anwenden können
2	Normative Verweise	Referenzen auf andere relevante Normen
3	Begriffe und Definitionen	Begriffe, die innerhalb der Norm verwendet werden
4	Kontext der Organisation	Erkennen des Umfelds eines Unternehmens
5	Führung	Ausrichtung des BCMS in einem Unternehmen
6	Planung	Planen des BCMS im Unternehmen und Umgang mit Risiken für das BCMS
7	Unterstützung	Was für den Aufbau und Betrieb eines BCMS benötigt wird
8	Betrieb	Wie Business-Continuity-Management in einem Unternehmen verankert wird und welche Anforderungen die Norm daran stellt
9	Bewertung der Leistung	Wie Sie die Wirksamkeit Ihres BCMS bewerten
10	Verbesserung	Wie Sie Verbesserungen erzielen

4.1.1 Den Kontext der Organisation verstehen (Kapitel 4 der Norm)

In dieser Phase ermittelt das Unternehmen den internen und externen Kontext. Dabei geht es darum zu verstehen, welche Einflüsse für das Business-Continuity-Management wichtig sind. Diese Einflüsse können von außen zum Beispiel sein:

- Erwartungen und/oder klare Anforderungen von Kunden
- Gesetzliche oder behördliche Erwartungen
- Erwartungen von Branchenverbänden oder Verbrauchergruppen

- Erwartungen des Marktes und Verhalten von Mitbewerbern
- Erwartungen von externen Investoren, Banken und Versicherungen
- Für Störfallbetriebe Anforderungen an das Notfallmanagement
- Erwartungen von Nachbarn und Anliegern
- Gesellschaftliche Erwartungen z.b. an die Versorgungssicherheit
- Politische Interessen auf lokaler, regionaler, nationaler oder internationaler Ebene
- und weitere

Auch von innen gibt es Einflussfaktoren für das BCMS. Hier kommen vor allem zum Tragen:

- Erwartungen von Mitarbeitenden und Betriebs-/Personalräten
- Interessen von Anteilseignern und Eigentümern
- die Vorgaben aus Geschäftsführung und z.b. Aufsichtsräten
- eigene Ziele und unternehmenspolitische Vorgaben
- und weitere

Ein BCMS sorgt nicht nur dafür, die Produktion auf einem bestimmten Niveau fortzuführen. Es strebt an, die oben genannten Interessen auszugleichen und angemessen zu erfüllen.

Dabei muss die oberste Leitung eine wesentliche Entscheidung treffen: Wo liegt das Niveau der Risiken, die für das Unternehmen auf keinen Fall akzeptabel sein können? Man nennt dieses Niveau auch Risikotoleranz oder Risikoappetit. Im Kern geht es darum zu definieren, welche Störungen und Folgen aus diesen Störungen für das Unternehmen so tragbar sind, dass weitere Maßnahmen nicht ergriffen werden sollen, um das Unternehmen zu härten oder z.B. für die Wiederherstellung von Prozessen zu sorgen.

Diese Kriterien sollen klar definiert werden, damit alle weiteren Entscheidungen und Aktionen an diesen Festlegungen gemessen werden soll.

> Ein Tipp an dieser Stelle: In Kap. 5 betrachten wir dieses Thema eingehender!

Diese Liste muss nicht vollständig sein, aber Sie sollten für jeden dieser Aspekte festlegen, was für Sie akzeptabel ist und was nicht.

Bitte dokumentieren Sie, was Sie bisher analysiert und erfahren haben. Diese Aufzeichnungen dienen dazu, regelmäßig zu prüfen, welche Einflussgrößen sich verändert haben und ob neue Einflussgrößen hinzugekommen sind. Sorgen Sie dafür, dass Verantwortlichkeiten für die regelmäßige Überprüfung und Ergänzung des Unternehmenskontextes festgelegt sind. Dies können unterschiedliche Funktionen im Unternehmen sein, wie IT, Einkauf, Vertragsmanagement, Rechtsabteilung, Personal, Marketing und natürlich Produktion. Es geht um Regelmäßigkeit und darum zu lernen, den eigenen Horizont aus Continuity-Gesichtspunkten regelmäßig zu scannen. Vollständig werden Ihre Kenntnisse nie sein, das müssen sie aber auch nicht.

Ein weiterer wichtiger Punkt ist es festzulegen, für welche Bereiche, Produkte, Dienstleistungen, Standorte, Lieferketten oder Abteilungen Ihr BCMS gelten soll. Nicht immer ist es nötig oder möglich, das gesamte Unternehmen abzudecken. Manchmal ist es hilfreich, zunächst in kleinen Bereichen zu beginnen zu lernen, und das BCMS dann langsam auszuweiten. Besonders wichtig ist es aber, klar festzulegen, wo die Grenzen des BCMS liegen sollen.

Damit ist gemeint, genau zu identifizieren, wo Ihre Verantwortung für das Business-Continuity-Management endet und z.B. die Verantwortung von Dienstleistern oder auch Kunden beginnt. Sorgen Sie deshalb dafür, auf folgenden Ebenen die Abgrenzung zu identifizieren:

> **Tipp**
> - Vertragliche Ebene – wo ist eine Haftungsabgrenzung definiert? Was sagen AGB und Terms of Use dazu? Welche Eigenverantwortung tragen Ihre Kunden? Wo beginnt vertraglich die Verantwortung Ihrer Dienstleister und Lieferanten?

> - Erbringen von Produktion und Service – woher kommen Rohstoffe, halbfertige Erzeugnisse, wohin fließen diese nach der Produktion? Welche Lager Ihrer Kunden beliefern Sie? Welche Schnittstellen zu Transport und Logistik gibt es?
> - Informations- und Kommunikationstechnik – welche IT- und Kommunikationssysteme brauchen Sie? Wer betreibt diese? Wo sind die Schnittstellen zu Ihren Kunden und Lieferanten? Wo grenzen sich Verantwortungen z.B. zu Cloud-Dienstleistern ab (z.B., wenn Sie Serverinfrastruktur aus der Cloud beziehen).
> - Standorte und Betriebsstätten – welche Standorte und Betriebsstätten stehen unter Ihrer Obhut? Denken Sie dabei auch an Lager, Einrichtungen, die bei Kunden oder Lieferanten verbaut sind, aber unter Ihrer Hoheit stehen. Denken Sie an Schließfächer für Backupbänder aus der IT, aber auch Rechenzentren. Wo sind Sie Untermieter oder teilen sich Flächen und Räume mit anderen?

Über diese Aspekte sollten Sie Klarheit besitzen, um Ihr BCMS wirksam auszurichten. Natürlich sollen auch diese Aspekte stets aktuell gehalten werden.

4.1.2 Führung (Kap. 5 der Norm)

Da nun bekannt ist, welche Anforderungen und Erwartungen für das BCMS aus dem externen und internen Umfeld des Unternehmens wichtig für die weitere Entwicklung sind, gilt es nun, die Richtung und Rahmenbedingungen festzulegen.

Verantwortlich für diesen Schritt ist die oberste Leitung, indem sie eine Leitlinie für das BCMS definiert und kommuniziert. Hier sollten auch die Kriterien für die Risikoakzeptanz dokumentiert sein. Weitere Fragen, die beantwortet werden sollten:

> **Tipp**
> - Welche Rollen und Verantwortungen sollen im Unternehmen für das BCMS festgelegt werden?
> - Was ist die grundsätzliche Strategie des BCMS: Unterbrechungen am besten gar nicht erst auftreten lassen? Schnellstmöglicher Wiederanlauf? In Deckung gehen und dann wieder in Produktion gehen?

> Diese Aussagen sollen auf die Erwartungen aus dem Kontext gemünzt sein.
> - Wie reagieren Sie auf plötzliche Ereignisse und wie auf sich langsam entwickelnde Szenarien?
> - Was sind die Prioritäten: Schutz von Menschenleben und Gesundheit, Schutz der Umwelt, die Kunden bestmöglich beliefern und unterstützen zu können? Und: Was hat sonst noch Priorität für Sie?
> - Wie wird die Wirksamkeit des BCMS regelmäßig geprüft?
> - Welche wichtigen Eckpunkte sollen eine Rolle spielen?
> - Wird eine Zertifizierung angestrebt?

Die Aussagen sollen so sein, dass sie auch extern an Kunden jederzeit herausgegeben werden können. Viele Unternehmen veröffentlichen diese sogar auf der Website. Halten Sie sich kurz, präzise und knackig: Ein bis zwei Seiten sollten genügen. Es geht darum, den Rahmen abzustecken, nicht um Details und einzelne Methoden.

4.1.3 Planung (Kap. 6 der Norm)

Jetzt, da klar ist, welche Strategie Sie mit Ihrem Business-Continuity-Management verfolgen wollen, geht es darum, die Einflussfaktoren zu bewerten und zu behandeln, die Sie vom Ziel ablenken könnten. Dabei geht es sowohl um Faktoren, die Sie negativ beeinflussen können (Risiken) als auch um positive Einflüsse (Opportunities oder Möglichkeiten).

In dieser Phase geht es noch nicht um die einzelnen Risikoszenarien, die Sie in Ihren Reaktionsplänen berücksichtigen wollen, sondern um die Aspekte, die Ihr Business-Continuity-Management generell beeinflussen könnten.

Dazu zählen zum Beispiel Faktoren wie:

- Änderungen am Unternehmen, wie Umstrukturierungen oder Unternehmensaufkäufe
- Eintritt in neue Märkte oder neue rechtliche Anforderungen
- Vorhandensein von Ressourcen, etwa Zeit, Geld und Wissen

Diese Themen werden direkt aus dem Umfeld des Unternehmens abgeleitet (siehe Abschn. 4.1.1) und dahin gehend bewertet, ob sie begünstigend oder hemmend für Ihr Business-Continuity-Management wirken werden. Dazu braucht es keine großen Risikomethoden, eine einfache Bewertung reicht hier völlig aus. Es sollen Entscheidungen getroffen werden, wie Ihr Business-Continuity-Management-System am effizientesten seine Ziele erreichen kann.

In dieses Kapitel gehört auch, alle Veränderungen am BCMS zu steuern. Diese Aufgabe kann nicht ernst genug genommen werden, da jede Veränderung an der Unternehmensstruktur, an Prozessen und Zuständigkeiten unweigerlich Veränderungen im Business-Continuity-Management nach sich zieht. Schnell sind Pläne veraltet, Alarmierungsketten nicht mehr intakt. Bleiben Sie deshalb bitte am Ball. Dies ist eine Daueraufgabe!

4.1.4 Unterstützung (Kap. 7 der Norm)

Um Business-Continuity-Management dauerhaft in einem Unternehmen zu verankern, braucht es natürlich ausreichende Ressourcen. Dazu gehören finanzielle Mittel, z.B. um Redundanzen aufzubauen, die für die Unterbrechungssicherheit nötig sind. Oder ausgebildetes Personal, das die notwendigen Analysen durchführt, Pläne erstellt, prüft und Übungen und Tests plant und durchführt. Besonders die Ausbildung und Möglichkeit, Erfahrung zu sammeln, sollte dabei nicht zu kurz kommen. BCM ist häufig ein eher theoretisches Gebilde. Schnell wird vergessen, dass es in der Praxis genau darauf ankommt, dass Handgriffe sitzen und Pläne umgesetzt werden können.

Vergleichen wir dies mit einer Freiwilligen Feuerwehr. Zugegeben, das Personal dort ist ehrenamtlich tätig. Aber wie viele Stunden investiert es in Ausbildung und Übungen, damit es die Ausstattung der Fahrzeuge beherrscht. Egal, zu welcher Tageszeit, bei welchen Wetterbedingungen. Üben und immer wieder üben. Feuerwehrdienstleistende kennen das quälende Üben, das notwendig ist, um regelmäßig die Leistungsabzeichen zu bekommen. Eigentlich geht es aber gar nicht um das Abzeichen – oder jedenfalls nicht primär. Es geht darum, den

Löschaufbau oder die technische Hilfeleistung so lange zu üben, dass die anstehende Prüfung bestanden wird. Das ist der eigentliche Lohn: die Handgriffe aus dem Unterbewussten abrufen zu können, ohne bewusst nachdenken zu müssen.

Ähnlich sollten wir auch beim Business-Continuity-Management denken. Üben, üben und nochmal üben. Was hilft der schönste Plan, wenn er in der Praxis nicht funktioniert. Oder wenn dann schlicht die Erfahrung und die Coolness fehlen, wenn es darauf ankommt. Deshalb, liebe Unternehmer*innen: genug Zeit muss sein, nicht nur für die Pläne. Sondern zum Üben, Testen, Fehler machen und nochmal von Neuem beginnen. Wenn es darauf ankommt, ist genau das der entscheidende Erfolgsfaktor.

Eine weitere entscheidende Frage ist noch, welche Personen eigentlich üben sollen. Der/die Business-Continuity-Manager*in? Die einfache Antwort ist: Jede Person im Unternehmen, die im Notfall anpacken muss. Das sind eben vielleicht nicht nur Mitarbeitende, sondern auch Vertragspartner, Freelancer oder Lieferanten. Natürlich gehört auch dazu, dass alle Bescheid wissen, wie ein Business-Continuity-Fall ausgerufen wird, welche Alarm- und Informationskanäle es gibt. Was sind die gewünschten initialen Reaktionen (z.B. erst in Sicherheit bringen, dann feststellen, ob alle aus dem Gebäude heraus sind, sich beim Manager vom Dienst melden), wie wird dann koordiniert auf den Notfall reagiert? Wer hat das Sagen, wer kommuniziert mit Kunden, Partnern, Angehörigen der Mitarbeitenden, usw.?

All diese Schritte müssen den Personen im Unternehmen in der nötigen Detailtiefe vermittelt werden. Kommunikationswege müssen bekannt sein. Und noch mal: Es geht nicht ums Erklären und Zeigen (in einer schönen Präsentation), sondern ums Machen, Tun, Erleben, Üben. Erklären Sie nicht den Notausgang, sondern lassen Sie die Personen durchgehen und das Nottreppenhaus benutzen. Was wir tun, das bleibt hängen.

Apropos Kommunikation: Hier geht es nun um zwei wesentliche Aspekte
Erstens um die regelmäßige Kommunikation im Normalfall. Also Entscheidungs- und Berichtswege, Informationen an Kunden und Dienstleister, regelmäßige Kommunikation mit Kolleg*innen. Kommunikation ist dabei keine Einbahnstraße. Es geht auch darum, zuzuhören, was Kunden und Dienstleister zu sagen haben. Wertvolle Hinweise für das eigene Continuity Management könnten der Lohn sein.

Zweitens geht es um die Kommunikation im Notfall oder Krisenfall. Hier gelten besondere Regeln. Es empfiehlt sich, die Kommunikation vor allem nach außen zu bündeln. Wer spricht mit Kunden, wer mit den Partnern und Lieferanten? Wer berichtet an Behörden oder auch die Presse? Und natürlich ist auch entscheidend, wie intern kommuniziert wird, wie Entscheidungen getroffen werden. Geben Sie allen Mitarbeiter*innen regelmäßige Updates. Apropos Presse: Wenn Sie nicht freiwillig mit der Presse sprechen (zumindest bei Ereignissen, die für die Öffentlichkeit interessant sind), wird die Presse ihre Informationen irgendwo anders herholen. Seien Sie sicher, die Presse bekommt ihre Infos. Besser also von Ihnen. Bereiten Sie Pressestatements bereits im Vorfeld vor und passen Sie diese in einer tatsächlichen Notlage nur noch an die Situation an. Beschreiben Sie, was passiert ist, ohne Spekulation und auf keinen Fall mit irgendwelchen Schuldzuweisungen. Bedenken Sie auch, welche Kommunikation mit Behörden erforderlich ist. Manches sollte die kommunale Verwaltung oder die Datenschutzbehörde besser nicht aus der Zeitung erfahren. Pflegen Sie gute Partnerschaften in alle möglichen Richtungen, das ist ein wesentliches Pfund im Notfall!

4.1.5 Betrieb (Kap. 8 der Norm)

Dieses Kapitel der ISO 22301 wird uns später noch deutlich im Detail beschäftigen, wenn wir uns um den Business Continuity Lifecycle kümmern werden.

Ein paar allgemeine Aspekte sollen aber schon hier angesprochen werden, da sie für das Gelingen Ihres Business-Continuity-Managements erforderlich sind.

Steuern Sie alle Veränderungen in Ihrem Unternehmen (wie schon im Abschn. 4.1.3 angesprochen). Ein aktuelles und an Ihr Unternehmen angepasstes Notfall- und Krisenmanagement werden der Lohn sein. Reagieren Sie bitte auch auf alles, das nicht wie geplant läuft (die Norm spricht von „unbeabsichtigten Veränderungen"). Was war die Ursache einer solchen ungeplanten Änderung? Haben Sie etwas übersehen? Gab es einen äußeren Einfluss auf das Unternehmen, den Sie nicht vorhersehen konnten? Oder gab es eine Störung, die in der Risikobewertung noch nicht ausreichend erkannt wurde? Die sind wertvolle Lernquellen. Verbessern Sie nicht nur Ihre Pläne, sondern vor allem die Prozesse und Abläufe im Unternehmen, die solche Änderungen rechtzeitig erkennen sollen. Sie sollten sich mit einem Netz von Frühwarnindikatoren umgeben, rechtzeitig Handlungsbedarf erkennen und agieren, statt zu reagieren.

Dazu gehört auch, alle externen Lieferanten und Dienstleister zu kennen und ihren Einfluss auf Ihr Business-Continuity-Management zu verstehen. Welche Änderungen gibt es dort, die Sie berücksichtigen müssen oder wollen? Wie können Lieferanten und Dienstleister die Resilienz Ihres Unternehmens stärken oder schwächen? Sinn macht es, in Ihrem Lieferanten- und Dienstleistermanagement auch einen Indikator einzubauen, um nach Kritikalität für Ihr Kontinuitätsmanagement filtern zu können.

4.1.6 Bewertung der Leistung (Kap. 9 der Norm)

Dieses Kapitel bietet uns die nötigen Werkzeuge an, um einen Überblick über die Leistungsfähigkeit des Business-Continuity-Management-Systems zu erhalten. Dazu gehören ausgesuchte Indikatoren und Metriken.

Vor allem geht es dabei darum, wenige und sinnvolle Indikatoren zu identifizieren. Dabei unterscheiden wir Indikatoren, die uns ähnlich wie ein Tacho im Fahrzeug zeigen, dass wir immer schneller unterwegs sind – oder im BCMS zum Beispiel, dass sich eine Risikosituation aufbaut. Solche Indikatoren sind sinnvoll für

4 Der Lebenszyklus des Business-Continuity-Managements

- die Bewertung des Gesamtrisikos für das Unternehmen
- die Lieferkettenrisiken (Supply-Chain Risk)

Ebenso wichtig sind Indikatoren, die ähnlich wie eine Tankanzeige im Fahrzeug absinken. Das heißt, der Indikator zeigt an, dass wir Nachtanken müssen. Dies macht Sinn vor allem für alle Themen, in denen wir aktiv etwas tun müssen, um das BCMS am Laufen zu halten. Der Indikator baut sich selbst ab über Zeit, wenn Sie nichts tun. Irgendwann zeigt der Tank Reserve an – höchste Zeit, etwas zu tun. Jede Übung, jedes Review der Pläne, jede Schulung füllt den Tank wieder etwas auf.

Solche Indikatoren eignen sich besonders gut für:

- Vorbereitungsgrad des Unternehmens durch Übungen und Tests
- Vorbereitungsgrad durch Schulungen

Daneben gibt es noch ein paar weitere Indikatoren, die Sie in jedem Fall im Blick behalten sollten. Dazu kommen wir im weiteren Verlauf, wenn wir uns den Business-Continuity-Lebenszyklus genauer anschauen.

Ebenfalls wichtig für Ihre Beurteilung ist es, regelmäßig durch Audits den Reifegrad und die Wirksamkeit des BCMS zu überprüfen. Dazu können Sie mit ausgebildeten Auditoren Ihres Unternehmens arbeiten oder sich Unterstützung von außen holen. Prüfen Sie dabei bitte nicht nur die Notfallpläne, sondern besonders alle Prozesse und Verfahren des Managementsystems. Sie sollten Erkenntnisse gewinnen, was bereits gut funktioniert und wo noch Verbesserungen erreicht werden können.

Alle diese Ergebnisse fließen in eine regelmäßige Managementbewertung ein. Die Geschäftsführung des Unternehmens (oder die Niederlassungsleitung) betrachten alle Elemente und stellen sich folgende Fragen:

- Ist das BCMS für unser Unternehmen angemessen und passend?
- Berücksichtigen wir ausreichend die Bedürfnisse unserer Kunden und anderer Stakeholder?
- Ist unser BCMS wirksam? Ist es geeignet für unsere Zwecke, funktioniert es?

Stellen Sie sich diese Fragen bitte aufrichtig und ehrlich. Nehmen Sie sich bitte ausreichend Zeit und bestehen Sie darauf, dass Themen, die noch nicht ausreichend berücksichtigt wurden, verbessert werden.

4.1.7 Verbesserung (Kap. 10 der Norm)

Genau darum geht es im letzten Kapitel der ISO 22301: Alles, was noch nicht passt oder funktioniert, soll verbessert werden. Dazu ist es nötig, nicht Funktionierendes zu korrigieren, aber es ist noch wichtiger, für die Zukunft zu lernen. Fehler sind wertvolle Lernquellen – nach Möglichkeit sollten Sie diese aber nur einmal machen. Deshalb sind tiefe und ehrliche Ursachenanalysen extrem empfehlenswert. Eine vorschnell und oberflächlich festgestellte Ursache deckt meist die eigentlichen Ursachen zu. Deshalb nutzen Sie Methoden wie 5-Why (5-mal „Warum?" oder „Weshalb?" fragen) oder die Fischgräten-Analyse (auch Ishikawa- oder Fishbone-Diagramm[3]).

Diese Methoden sollen uns durch gezieltes Hinterfragen und beim Nachspüren von gewissen Themen in die Tiefe lotsen, damit wir die eigentlichen Kernursachen (Root Causes) aufdecken und behandeln. Tun Sie es bitte, es lohnt sich!

Nun haben wir den Grundaufbau eines Business-Continuity-Management-Systems nach ISO 22301 kennen gelernt. Lassen Sie uns nun zum eigentlichen Thema kommen und den Aufbau des Business-Continuity-Lebenszyklus näher betrachten.

4.2 Der Business-Continuity-Lebenszyklus

Die fachlichen Abläufe eines Business-Continuity-Managements haben sich seit den 70er-Jahren aus unterschiedlichen Ansätzen heraus entwickelt. In diesem Buch werden wir uns weiterhin an ISO 22301 in der Ausgabe von 2019 halten. Der internationale Standard ist so offen

---

[3] Zu finden auch unter Ursache-Wirkungs-Diagramm.

Tab. 4.2 Business-Continuity-Lebenszyklus

Phase des Lebenszyklus	Kapitel in diesem Buch
Business-Impact-Analyse und Risikobewertung	5
Business-Continuity-Strategien und-Lösungen	6
Business-Continuity-Pläne und -Verfahren	7
Üben und testen	8

gehalten, dass unterschiedliche Lehrmeinungen von Fachgesellschaften, aber auch nationale Empfehlungen zum Continuity Management darauf angewendet werden können.

Von einzelnen philosophischen Betrachtungen abgesehen, sind der Ablauf und die Kernthemen, die in jeder Phase behandelt werden, gleich. Der Lebenszyklus[4], oder Kreislauf, des Business-Continuity-Managements besteht aus vier Phasen und umfasst folgende Elemente (vgl. Tab. 4.2), die in den Kapiteln 5 bis 8 behandelt werden:

Ein fünftes Element haben wir bereits im Kapitel 4.1.4 betrachtet. Vorgängernormen der ISO 22301 sprachen noch vom Einbetten des Business-Continuity-Managements in die Kultur des Unternehmens (dies wurde vor allem durch den britischen Standard 25999-1 im Jahr 2007 begrifflich geprägt). Weil dieses fünfte Element für die praktische Anwendung des BCM eine so hohe Bedeutung hat, werden wir uns diesem Element noch ausführlicher im Kapitel 9 widmen.

Generell sind die vier Hauptelemente des BCM als Kreislauf aufgebaut, was verdeutlichen soll, dass die einzelnen Schritte wiederholt nacheinander ausgeführt werden, um über die Zeit ein immer besser auf die Bedürfnisse des Unternehmens zugeschnittenes Business-Continuity-Management zu erreichen.

Entscheidend dabei ist, dass dieser Kreislauf durch unterschiedliche Personengruppen im Unternehmen betrieben werden muss. Es reicht nicht, jemanden zum BCM-Beauftragten zu benennen und dann als Unternehmer*in zu hoffen, dass „dann schon alles passen wird". In allen vier Elementen ist eine aktive Managementunterstützung notwendig, um ein funktionierendes Continuity Management zu etablieren.

---

[4] In Anlehnung an die zurückgezogenen Standards BS 25999-1 und -2.

In der ersten Phase, der Business-Impact-Analyse und Risikobewertung, geht es darum, die möglichen Schäden für das Unternehmen, dessen Kunden, Lieferketten, aber auch für die Mitarbeitenden zu bewerten, die aus einer Unterbrechung resultieren. Es ist in dieser Phase noch irrelevant, woraus eine Unterbrechung resultiert. Es werden zunächst die Prioritäten erkannt und gefiltert, welche Produkte und Dienstleistungen wie lange eingeschränkt oder nicht verfügbar sein dürfen. Dabei wird auch analysiert, welche Prozesse und Aktivitäten für das jeweilige Produkt oder den Service notwendig sind und welche Ressourcen der Prozess braucht. Dabei geht es auch darum zu erkennen, welche Ressourcen in welcher Qualität und Quantität im Normalbetrieb nötig sind und wie sich die Situation in einem Notbetrieb darstellt.

Für diese Ressourcen wird dann in der Risikobewertung ermittelt, welche Bedrohungsszenarien mit welcher Wahrscheinlichkeit zutreffen können und was dies konkret für die Verfügbarkeit, vor allem im Notbetrieb, bedeuten würde. Daraus lassen sich dann Entscheidungen treffen zum „Härten" der Organisation. Wichtige Fragen in diesem Zusammenhang sind: Wie können Redundanzen aufgebaut werden, welche Schutzmaßnahmen für die Ressourcen sind nötig?

Mit den Empfehlungen aus der ersten Phase geht es in die zweite Phase, der Ermittlung von Business-Continuity-Strategien und -Lösungen. Hier werden genau diese Entscheidungen getroffen, zu präventiven Maßnahmen (Härten der Ressourcen) und zu reaktiven Maßnahmen, also zum Beispiel, welche Continuity-Pläne erforderlich sind. Im Grunde geht es hier immer darum, Abwägungen vorzunehmen und aus den gebotenen Alternativen die zu wählen, die derzeit für das Unternehmen, seine Kunden, Lieferketten und Mitarbeitenden die besseren sind – aus einer Abwägung von Risiken und Möglichkeiten heraus. Diese Entscheidung dazu obliegt klar dem Top Management der Organisation.

In der dritten Phase geht es dann darum, die Strategien und Lösungen tatsächlich umzusetzen. Pläne sind zu dokumentieren und Entscheidungsabläufe im Unternehmen für die Notfallsituation zu verankern.

Die vierte Phase dreht sich ganz um das Üben und Testen der Maßnahmen. Um das Üben der Pläne, um zu erkennen, ob diese überhaupt geeignet sein könnten, mit einer Unterbrechungssituation umzugehen. Und um das Testen von Lösungen, um die Organisation widerstandsfähiger gegen Unterbrechungssituationen zu gestalten.

In den folgenden Kapiteln werden wir uns im Detail diesen Phasen widmen und betrachten, was im Einzelnen dort erfolgen soll.

4.3 Wer ein Business-Continuity-Management-System braucht

Kurz gesagt: Jedes Unternehmen, das die Verfügbarkeit seiner Produkte und Lösungen sicherstellen will und damit die Überlebensfähigkeit der Organisation garantieren möchte, braucht ein Business-Continuity-Management-System. Auch der Schutz Ihrer Kunden, Mitarbeitenden und Nachbarn ist ein wesentlicher Treiber für ein Business-Continuity-Management-System.

Ob Sie Ihr BCMS einer Zertifizierung nach ISO 22301 durch eine neutrale Zertifizierungsstelle unterziehen lassen wollen, ist nochmals eine andere Frage. Wir haben erlebt, dass Zertifizierungen z.B. eines Qualitätsmanagementsystems nach ISO 9001 im Lauf der Jahre zu klaren Vertragsanforderungen wurden, so wie dies nun auch mit ISO/IEC 27001 für Informationssicherheit und künftig Datenschutzmanagement der Fall ist. Lange hat die Zertifizierung von Business-Continuity-Management-Systemen auf schwacher Flamme vor sich hin geköchelt. Aber durch viele Ereignisse der letzten Jahre ist zu erwarten, dass das Thema populärer wird und damit auch die Erwartungen von Auftraggebern für eine Zertifizierung wachsen werden.

> **Ihr Transfer in die Praxis**
>
> - Business-Continuity-Management sollte in Form eines Managementsystems auf der Basis der ISO 22301 in Ihrer Organisation verankert sein; damit stellen Sie sicher, dass Ihre Planungen und Maßnahmen immer an die aktuellen Gegebenheiten Ihres Unternehmens angepasst sind
> - Der Business-Continuity-Lebenszyklus umfasst vier Phasen, die Sie in den Kapiteln 5 bis 8 dieses Buches im Detail beschrieben finden
> - Berücksichtigen Sie unterschiedliche Faktoren, wenn Sie festlegen, welche Schäden nach einem Ereignis für Sie als Unternehmen nicht akzeptabel sind und richten Sie Ihre Maßnahmen darauf aus

Literatur

BS 25999-1:2007, Business continuity management systems, Code of Practice, The British Standards Institution, 2007, London. (zurückgezogen).

BS 25999-2:2007, Business continuity management systems, Requirements, The British Standards Institution, 2007, London. (zurückgezogen).

ISO 22301:2019 Business continuity management systems – Requirements, International Organization for Standardization, 2019, Genf.

5
Business-Impact-Analyse und Risikobewertung

> **Was Sie aus diesem Kapitel mitnehmen**
>
> - Wie eine Business-Impact-Analyse durchgeführt werden kann, um zu verstehen, welche Anforderungen Sie berücksichtigen sollten, wenn Sie Ihre Business-Continuity-Maßnahmen planen
> - Wie ein dreistufiges Vorgehen Struktur in die Business-Impact-Analyse bringen kann
> - Wie Risiken bewertet werden, die auf Ihre Organisation wirken

Eine Krise oder einen Notfall zu managen heißt immer, die richtigen Prioritäten zu setzen. Es ist schlicht nicht möglich, jedes Detail zu beachten und alle Themen mit gleicher Aufmerksamkeit zu beachten.

Damit dies systematisch erfolgt und ein Unternehmen klar die Prioritäten setzen kann, wird eine Business-Impact-Analyse (BIA) durchgeführt. Dies sollten Sie nicht einmalig, sondern regelmäßig und immer dann tun, wenn es wesentliche Änderungen an den geschäftlichen Tätigkeiten des Unternehmens gegeben hat.

Damit hilft eine Business-Impact-Analyse Klarheit zu schaffen; sie fokussiert sich klar nur auf die wichtigsten Produkte, Dienstleistungen und Themen. Auch wenn der Begriff „Analyse" etwas anderes suggeriert, es geht hier bei weitem nicht um Perfektion oder hohe Mathematik. Im Kern geht es darum, Schmerzpunkte zu erkennen.

Die Leitfrage ist: Wenn ein Produkt, eine Dienstleistung oder ein Prozess des Unternehmens über X Stunden, Tage oder Wochen nicht mehr verfügbar ist, wann hört dann die Auswirkung auf das Unternehmen auf tolerabel zu sein? Wann spätestens also muss das Produkt oder die Dienstleistung wieder „am Start" sein? Und muss die Produktion gleich in vollem Umfang wieder anlaufen oder gilt es zunächst, Kernkunden zu beliefern; kann also über eine begrenzte Zeit ein Notbetrieb durchgeführt werden? Und wann spätestens muss dann der Normalbetrieb wieder erreicht werden?

Bedenken wir: Eine Business-Continuity-Situation kann sich über Wochen, Monate, oder (wie in der Corona-Pandemie) über Jahre hinziehen. Das Unternehmen muss ggf. zwischen Notbetrieb, Unterbrechung und Normalbetrieb mehrfach hin und her wechseln können. Es geht also nicht nur um schnellstmögliches Beseitigen der Störung – das wäre klassisches Störungsmanagement. Sondern wir wollen in der Lage sein, auf sehr unterschiedliche Szenarien angemessen reagieren zu können. Und weil das so ist, wird während der Business-Impact-Analyse die Frage nach dem „Szenario" der Unterbrechung nach Möglichkeit komplett ausgeblendet. In einem späteren Schritt, der Risikobewertung, wenden wir uns dann Szenarien zu.

5.1 Ablauf einer Business-Impact-Analyse

Der Ablauf sollte so simpel wie möglich sein. In der Expertenliteratur und ISO 22317 wird das Vorgehen nach einem 3-Stufen-Modell propagiert, das hilfreich sein kann.[1] Nacheinander erfolgen die sogenannte strategische, taktische und operative Business-Impact-Analyse (BIA). Dazu einige Details:

---

[1] Vgl. ISO 22317:2015 – Societal security – Business continuity management systems – Guidelines for business impact analysis (BIA).

> **Tipp**
> 1. **Strategische BIA:** Bewerten der Produkte und Dienstleistungen des Unternehmens und ggf. seiner Lieferketten – welche sind für die Überlebensfähigkeit des Unternehmens relevant und kritisch? Es werden alle nicht kritischen Produkte ausgesiebt und nicht weiter betrachtet in der taktischen BIA.
> 2. **Taktische BIA:** Welche Prozesse oder Abläufe sind nötig für die kritischen Produkte oder Dienstleistungen; also die, die für die Überlebensfähigkeit nötig sind. Wie lange dürfen diese Prozesse oder Abläufe maximal unterbrochen sein (kein Output), welcher Notbetrieb ist notwendig (minimaler Output) und wann spätestens muss der Prozess oder Ablauf wieder im Normalbetrieb laufen (voller Output)? Prozesse und Abläufe, die nicht relevant für den Notbetrieb sind (erkennbar an langen möglichen Unterbrechungszeiten), werden auch hier ausgesiebt und nicht weiter in der operativen Phase der BIA betrachtet.
> 3. **Operative BIA:** Welche Ressourcen brauchen die relevanten Prozesse oder Aktivitäten zum Funktionieren und in welcher Anzahl? Also, welche Informationssysteme und Daten, welche Fachkräfte, Material, Betriebsstoffe, Rohstoffe, aber auch Lieferanten, Lagerräume usw. Wie schnell können die Ressourcen in der ausreichenden Menge und Qualität in einem Unterbrechungsfall bereitgestellt werden? Das heißt auch: Wie schnell können diese an einem anderen Standort bereitgestellt werden? Und welcher maximale Datenverlust ist möglich, ohne dass es zu irreversiblen Störungen im Betrieb und Wiederanlauf kommen wird?

Wenn wir uns an diese drei Stufen in der Praxis halten, ist die Durchführung der BIA mit den unterschiedlichen Ansprechpartnern gut möglich.

Im Vorfeld aber ein wichtiger Hinweis: Haben Sie den Mut zur Lücke. Noch mal, in einer BIA geht es nicht um mathematische Genauigkeit, stochastische Methoden und ausgefuchste Simulationen. Halten Sie es einfach! Hören Sie auf Bauchgefühle und hören Sie auf die Aussagen der Experten in Ihrem Unternehmen. Die Ergebnisse werden dabei immer eine gewisse Ungenauigkeit haben, in der Regel kann man aber mit den Ergebnissen gut arbeiten.

Schwierig wird es, wenn das grundsätzliche Verständnis für das Thema BCM bei den Beteiligten fehlt. Oder wenn die BIA genutzt wird, um die Wichtigkeit des eigenen Geschäftsbereiches besonders hervorzuheben; oder im Gegenteil, herunterzuspielen. Beides passiert in der Praxis; dann sollten Sie hellhörig werden und die Ergebnisse hinterfragen.

Bevor es losgeht, ist es wichtig, dass von der Obersten Leitung des Unternehmens die Durchführung der BIA angekündigt wird. Und zwar so, dass alle Beteiligten ausreichend klar ist, dass eine aktive Mitarbeit erwartet wird. Die Wichtigkeit von Business-Continuity-Management für die Überlebensfähigkeit des Unternehmens muss klar kommuniziert werden, um Verständnis zu erzeugen. Es geht eben nicht um „noch ein Projekt", für das im Alltag natürlich die Zeit fehlt. Bitte nehmen Sie auch die Personalvertretung oder den Betriebsrat mit auf die Reise, damit Gerüchte im Unternehmen gar nicht erst entstehen oder schnellstmöglich entkräftet werden können.

5.1.1 Wie geht man eine BIA am besten an?

Nach der Ankündigung durch die Geschäftsführung ist es wichtig, den ersten relevanten Schritt genau mit der Geschäftsführung zu gehen. Die strategische BIA findet genau dort statt. Doch bevor wir zu diesem Schritt kommen, soll es noch um die Vorbereitung gehen.

Für eine BIA brauchen Sie eine klare Aussage durch die Geschäftsführung, wann ein Schaden im Unternehmen als nicht mehr tolerabel angesehen werden kann. Die Business-Impact-Analyse soll den Zeitpunkt herausfinden, wann ein Schaden nicht mehr tolerabel oder akzeptabel für das Unternehmen ist.

Wir sprechen hier vom sogenannten „Risiko-Appetit des Unternehmens". Es geht nicht nur um monetäre Auswirkungen, sondern auch um andere Aspekte.

Festlegen des Risikoappetits:

- Welcher Umsatzverlust darf maximal entstehen?
- Welche Zusatzkosten (für Ersatzbeschaffung, Nacharbeit) dürfen maximal entstehen?

- Welche Lieferverpflichtungen aus Verträgen dürfen auf keinen Fall verletzt werden?
- Rechtliche Anforderungen dürfen nicht verletzt werden.
- Welche Auswirkungen auf die Reputation des Unternehmens nach außen zu Kunden und Interessenten hin, aber auch nach innen zu den Mitarbeitenden im Unternehmen, dürfen nicht entstehen (z. B. überörtliche Berichterstattung in den Medien)?
- Es dürfen keine schweren Verletzungen oder gar der Tod von Kunden, Nachbarn oder Mitarbeitenden toleriert werden.
- Es dürfen keine Umweltschäden entstehen, die irreparabel sind.

Diese Liste ist ggf. nicht vollständig und muss für jedes Unternehmen genau festgelegt werden. Wo liegt in Ihrem Unternehmen jeweils der Schmerzpunkt? Und denken Sie daran, diese Kriterien regelmäßig zu prüfen: Sind sie noch aktuell? Gibt es Änderungen?

Ohne diese Kriterien kann die BIA nicht durchgeführt werden. Im Idealfall wühlen Sie sich durch Lieferverträge, durch Service-Level-Agreements, durch AGB und sprechen mit den Verantwortlichen für die Produkte und Dienstleistungen. Lassen Sie die Kriterien durch die Geschäftsführung festlegen und freigeben. Mit diesen Informationen geht es nun in die strategische BIA.

5.1.2 Strategische Business-Impact-Analyse

Nun geht es daran, alle Produkte, Dienstleistungen oder ganze Lieferketten zu betrachten und die kritische Frage zu stellen: Ist dieses Produkt oder diese Dienstleistung für das akute Überleben des Unternehmens relevant?

Dafür nehmen Sie sich mit dem Top-Management zusammen alle Produkte und Dienstleistungen Ihres Unternehmens vor und bewerten Sie folgende Fragestellungen:

> **Tipp**
>
> - Gibt es bestimmte Lieferverpflichtungen in Verträgen? Z.B. eine bestimmte zu liefernde Menge pro Zeiteinheit oder eine Lagerhaltung, zu der Sie sich vertraglich verpflichtet haben?
> - Gibt es zeitliche Vorgaben, z. B. Lieferbereitschaft innerhalb eines Zeitfensters oder maximal zulässige Unterbrechungszeiten?
> - Finden Sie bestimmte Vorgaben zu Verfügbarkeitsanforderungen in einer Zeiteinheit, z. B. 99,5 % Verfügbarkeit im Jahresmittel?
> - Hat Ihr Unternehmen sich verpflichtet, zu bestimmten Tageszeiten oder saisonal besondere Verpflichtungen einzugehen? Denken Sie dabei z. B. an Dienstleistungen im Tourismus oder auch Berichtsanforderungen (z. B. Quartalsberichte).
> - Welche anderen Anforderungen ergeben sich aus Gesetz, aufsichtsbehördlichen Vorgaben oder z. B. Gesellschaftsverträgen?
> - Welchen Umsatzanteil, welchen Marktanteil deckt ein Produkt, eine Dienstleistung oder eine Lieferkette ab?
> - Hängt die Reputation des Unternehmens in besonderer Weise an dem Produkt oder der Dienstleistung, etwa weil Sie damit besonders im Fokus der öffentlichen Wahrnehmung stehen?

Tab. 5.1 zeigt ein paar generische Beispiele.

Als Ergebnis erhalten Sie eine Liste mit den Produkten und Dienstleistungen und einer Aussage, ob diese weiter in der Business-Impact-Analyse betrachtet werden sollen oder nicht, verbunden mit

Tab. 5.1 Beispieltabelle für nicht akzeptable Schäden

Faktor	Nicht akzeptable Auswirkungen
Gesundheit und Leben von Mitarbeitenden, Besuchern, Kunden und Nachbarn	Schwere Verletzungen, dauerhafte gesundheitliche Schäden oder Tod von Personen
Reputation des Unternehmens nach außen, aber auch nach innen	Überregionale negative Wahrnehmung des Unternehmens
Einhaltung von Verträgen und Gesetzen	Vorsätzliche oder fahrlässige Verletzung von rechtlichen Anforderungen
Finanzielle Auswirkungen	Umsatzrückgang > 20 %, EBIT kleiner 3 %
Auswirkung auf Versorgungssicherheit und Lieferfähigkeit	Unterbrechung der Versorgungsleistung von mehr als X Tagen
Umweltauswirkungen	Langfristige Schäden an Fauna und Flora, Gewässerverunreinigung

Informationen dazu, was dieses Produkt oder diese Dienstleistung kritisch macht oder nicht.

Sieben Sie nun bitte alle Produkte, Dienstleistungen und Lieferketten aus, die nach dieser ersten Analysestufe als nicht kritisch zu sehen sind. Wenn ein „Schmerzpunkt" für die Risikotoleranz nicht erreicht wurde, wird dieses Produkt oder diese Dienstleistung nicht weiter betrachtet. Dies heißt nicht, dass die Produkte und Dienstleistungen unwichtig wären, sie scheinen aber für die Überlebensfähigkeit des Unternehmens, um die es hier geht, nicht so stark relevant zu sein.

Noch mal: Bitten gehen Sie mutig daran, auszusieben. Es macht schlicht keinen Sinn, alle Produkte und alles, was das Unternehmen anbietet, in die weitere Betrachtung mit ein beziehen zu wollen. Diese strategische BIA wird nicht die letzte gewesen sein. Wenn sich Ihre Wahrnehmung ändert, dann können Sie zu einem späteren Zeitpunkt weitere Produkte und Dienstleistungen einbringen; oder Sie sind mutig, und streichen noch weitere aus der Betrachtung.

> **Die Ergebnisse dieser Stufe in Kürze**
> - Sie kennen die Kriterien für nicht akzeptable Schäden und haben diese konkret für Ihr Unternehmen festgelegt
> - Sie haben ermittelt, welche Produkte, Dienstleistungen und Lieferketten kritisch sind, weil bei einer Störung oder Unterbrechung dieser nicht-akzeptable Schaden für Ihr Unternehmen entstehen kann

5.1.3 Taktische Business-Impact-Analyse

In diesem nächsten Schritt geht es nun um die Prozesse und Aktivitäten[2] im Unternehmen, die für die in der strategischen BIA ausgewählten Produkte und Dienstleistungen relevant sind.

---

[2] Prozesse und Aktivitäten stehen hier für alle Abläufe im Unternehmen, die notwendig sind, um Ergebnisse zu erzielen. Wie Sie diese definieren und bezeichnen, soll dabei keine Rolle spielen.

Viele Unternehmen haben so etwas wie eine Prozesslandkarte oder andere Informationsquellen, aus denen die Aktivitäten herausgelesen werden können. Es gilt nun diejenigen zu erkennen, die für die kritischen Produkte und Dienstleistungen essenziell sind. Denken Sie dabei bitte aber auch schon einen Schritt weiter: Auch nicht direkt für die Produktion notwendige Prozesse können eine wesentliche Rolle spielen. Zum Beispiel Lohn- und Gehaltszahlung, Personaleinsatzplanung, Rechtsberatung oder Finanzbuchhaltung.

Dieser Schritt der BIA kann durch eine schriftliche Abfrage vorbereitet werden, in jedem Fall aber müssen die Ergebnisse abgestimmt und besprochen werden. Deshalb ist es nötig, entweder mit den Verantwortlichen für die Prozesse zu sprechen oder die Prozessverantwortlichen an einen Tisch zu holen. Häufig ist es wichtig, Missverständnisse und unterschiedliche Interpretationen aufzulösen. Die Vorbereitung dieser Termine durch Checklisten oder Fragebögen hat sich in der Praxis bewährt, da die Prozessteilnehmer so nicht unvorbereitet in die Situation gehen. Häufig sind spontane Antworten gar nicht möglich, ohne im Vorfeld Wechselwirkungen durchdacht zu haben.

Apropos Wechselwirkungen. Es ist für die taktische BIA wichtig, Wechselwirkungen zwischen Aktivitäten zu erkennen. Es geht also um die Frage, welcher Prozess aus welchem vorherigen Prozess Ergebnisse für die weitere Verarbeitung braucht. Wichtig ist es auch zu erkennen, wo der kritische Pfad im Unternehmen liegt – also, welche Prozesse den Engpass darstellen, auf den alle anderen angewiesen sind.

Aber auch hier gilt: Wechselwirkungen zu erkennen ist wichtig; trotzdem sollten Sie versuchen, die taktische Business-Impact-Analyse so einfach wie möglich zu halten. Es geht in diesem Schritt nicht um Prozessmanagement. Es geht um das Verständnis für alles, was für den Notfall und das Kontinuitätsmanagement wichtig sein könnte.

Was nun möchten Sie in dieser Phase hinterfragen? Welche Ergebnisse brauchen wir? Für jeden der Prozesse oder für jede Aktivität ist es wichtig, folgende Fragen zu beantworten:

5 Business-Impact-Analyse und Risikobewertung

> **Tipp**
> - Für welches der kritischen Produkte oder welche Dienstleistung ist dieser Prozess relevant?
> - Auf welche Vorläuferprozesse ist die Aktivität angewiesen, um überhaupt durchgeführt werden zu können (wegen Daten, Material, Freigaben, etc.)?
> - Welche Nachläuferprozesse sind auf diese Aktivität angewiesen und können ohne deren Ergebnisse nicht funktionieren?
> - Wie lange darf dieser Prozess maximal unterbrochen sein, komplett ohne Output, bis der Impact auf das Unternehmen nicht mehr tolerabel ist?
> - Welcher Output ist nach dieser maximalen Unterbrechungszeit in jedem Fall notwendig, damit zumindest die wesentlichen kritischen Produkte und Dienstleistungen erbracht werden können (Notbetrieb)?
> - Gibt es noch weitere Zeitpunkte, nach denen der minimale Output des Prozesses im Notbetrieb erhöht werden muss? Denken Sie z. B. daran, dass Ihre Kunden Zwischenlager haben, die nach einer bestimmten Zeit leergefegt sind und durch Sie nachbeliefert werden müssen.
> - Wann spätestens soll der Prozess wieder vollen Output liefern können?
> - Können Outputs des Prozesses nachgearbeitet oder nach erfasst werden (z. B. Datenerfassung von Buchungen zu einem späteren Zeitpunkt)? Wenn ja, welcher Aufwand ist für diese Nacharbeiten zu erwarten?
> - Gibt es besondere Tageszeiten, Wochentage, Phasen im Monat, Quartal oder Jahr, in denen dieser betrachtete Prozess mehr oder weniger kritisch ist als zu anderen Zeiten? Denken Sie bitte an Saisongeschäfte.

Besonders bewährt hat es sich, wenn die Frage nach Zeitpunkten nicht auf einer offenen Zeitskala beantwortet wird, sondern über vorbereitete Zeitpunkte. Bewährt haben sich in der Praxis für die Unterbrechungszeiten:

- 4 h
- 1 Geschäftstag (24 h)
- 3 Geschäftstage (72 h)
- 1 Woche
- 2 Wochen
- 1 Monat und länger

Eine Planung für längere Zeiträume als einen Monat sind kaum sinnvoll, da es besonders darum geht, die initiale Phase einer Unterbrechung in den Griff zu bekommen. Wenn eine Unterbrechung länger als einen Monat andauert, muss ggf. anders und individuell reagiert werden. Dazu dient im Unternehmen ein systematisches Krisenmanagement. Dazu später mehr.

Übrigens können als maximale Zeitspanne bis zum Normalbetrieb durchaus Monate, manchmal sogar Jahre vergehen, in dem ein Unternehmen im Notbetrieb arbeitet. Deshalb sollten Sie mit zu genauen Angaben zum „zurück zum Normal" eher zurückhaltend sein. Wichtig ist es, einen ungefähren Schätzwert zu erhalten.

Bitte dokumentieren Sie die Ergebnisse Ihrer taktischen BIA in einer Tabelle, auch um für neue Bewertungen die vorherigen Werte prüfen zu können.

In einigen Rahmenwerken für BCM werden bestimmte Begriffe definiert, um die unterschiedlichen Zeitpunkte und auch den Output des Notbetriebs zu benennen. Es kann hilfreich sein, eindeutige Begriffe festzulegen. Im Folgenden ein paar Vorschläge, die aus einschlägigen Normen stammen.

> **Tipp**
> - **MAO – Maximum Acceptable Outtage** – kennzeichnet die Zeit, in der eine totale Unterbrechung der Aktivität für das Unternehmen tolerabel ist
> - **MSL – Minimum Service** Level – kennzeichnet den minimalen Output der Aktivität, als das Niveau des Notbetriebes (nach Ablauf der MAO)
> - **Back to Normal** – kennzeichnet den Zeitpunkt, zu dem die Aktivität wieder ganz hergestellt sein soll

Noch mal der wichtige Hinweis: Sollte in dieser Analysestufe ein Prozess oder eine Aktivität als unkritisch für die Produkte und Dienstleistungen erkannt werden, wird dieser Prozess in der dritten Stufe der BIA nicht weiter betrachtet. Allerdings sollten die Ergebnisse der taktischen BIA natürlich auch regelmäßig überprüft und dann, wenn notwendig, Anpassungen vorgenommen werden.

5 Business-Impact-Analyse und Risikobewertung

Das Ergebnis dieser Stufe in Kürze

- Sie kennen die Aktivitäten, die für die kritischen Produkte, Dienstleistungen und/oder Lieferketten relevant sind.
- Sie haben ermittelt,
  - wie lange diese Aktivitäten maximal unterbrochen sein können,
  - welchen Output ein Notbetrieb mindestens liefern muss,
  - wann diese Aktivität wieder im Normalbetrieb sein soll.
- Sie kennen Abhängigkeiten dieser Aktivitäten untereinander und wissen daher, welche Aktivitäten aufeinander angewiesen sind.

5.1.4 Operative Business-Impact-Analyse

In der letzten der drei BIA-Stufen geht es darum, für jede Aktivität die notwendigen Ressourcen zu ermitteln. Diese Ressourcen sind es, die für eine Aktivität gebraucht werden und durch unterschiedliche Risikoszenarien gefährdet sind. So können Menschen erkranken und deshalb ausfallen oder Gebäude durch Brand oder Wasser gefährdet werden. Noch geht es hier aber nicht um einzelne Risikoszenarien, sondern um die Seite des Business Impacts.

In die Kategorie Ressourcen gehören unter anderem:

Tipp

- Menschen, egal ob Mitarbeitende oder Vertragspartner
- Lieferanten oder Vertragspartner
- Gebäude und Einrichtungen, Lager
- Maschinen
- Materialien und Rohstoffe
- Energie, wie Strom, Druckluft etc.
- Logistik, wie Speditionen oder Fahrzeuge
- Telekommunikation und Internet
- Informationssysteme und Datenbanken
- Organisationsstrukturen (alles, was für geregelte Abläufe nötig ist)

Ausgangsbasis für die dritte Stufe der BIA sind die Ergebnisse aus der taktischen BIA, vor allem zu den maximal tolerablen Unterbrechungszeiten und dem Niveau des Notbetriebs. Diese Details geben die Leitplanke für die Fragestellungen der operativen BIA.

> **Tipp**
> - Welche Ressourcen braucht der Prozess oder die Aktivität?
> - Gibt es Abhängigkeiten zwischen den Ressourcen (z. B. brauchen Maschinen Fachkräfte, die diese bedienen können)? Ergeben sich daraus Abhängigkeiten für den Wiederanlauf (dies ist besonders bei IT-Systemen wichtig, dass die Wiederherstellung in einer richtigen Reihenfolge und Priorisierung anläuft)?
> - Wie schnell kann eine Ressource wieder anlaufen? Wie schnell kann eine Ersatzressource beschafft werden? Wie schnell kann eine Produktion an einem anderen Standort begonnen werden?
> - Für IT-Systeme gilt: Wie viel Datenverlust ist maximal tolerabel und kann kompensiert werden? (Dies bedingt, wie häufig ein Backup durchgeführt werden muss, um einen nicht-tolerablen Datenverlust zu verhindern; z. B., wenn max. die Daten einer Arbeitsstunde verloren gehen dürfen, muss mindestens stündlich eine Datensicherung erfolgen).
> - Wichtig sind auch Erkenntnisse, wie lange eine Ressource einer Unterbrechung standhält. Als Beispiel: Wie lange bleibt die Temperatur in einem Tiefkühllager nach einem Stromausfall so niedrig, dass die Kühlkette eingehalten werden kann?
>
> In dieser Phase geht es darum zu erkennen,
>
> - welche Ressourcen einen besonderen Schutzbedarf haben, z. B. weil sie besonders anfällig für Störungen sind,
> - welche Ressourcen und welche Anzahl davon Sie im Notbetrieb benötigen (dies gilt auch für Personal im Notbetrieb; achten Sie dabei bitte auch auf die nötigen Qualifikationen der Personen) und
> - welche Abhängigkeiten es zwischen den Ressourcen gibt; dies wird festlegen, in welcher Reihenfolge zum Beispiel Sie Ihren Notbetrieb vorbereiten und den Wiederanlauf planen.

Auch in dieser Phase nochmals zur Erinnerung: Es geht nicht darum, das letzte Quäntchen Information einzuholen und Genauigkeit zu erzielen. Es ist besser, zu schätzen (manchmal sogar, auf das Bauchgefühl zu hören) und auch einmal unvollständige Informationen zu haben. Verkünsteln Sie sich bitte nicht. In späteren Phasen des BCM-Lebenszyklus lernen wir durch Üben und Testen und stellen fest, was funktioniert und was noch nicht. Bei der nächsten turnusmäßigen Business-Impact-Analyse haben Sie dann ein noch besseres Gespür dafür, was wirklich für den Notbetrieb nötig ist.

Nun kommen wir zum finalen Schritt dieser ersten Phase, zur Risikobewertung.

> **Das Ergebnis dieser Stufe in Kürze**
> - Sie kennen die Ressourcen, die für Ihre wichtigen Aktivitäten notwendig sind.
> - Sie wissen, welche Abhängigkeiten zwischen Ressourcen bestehen.
> - Sie haben erkannt, wie viele Ressourcen Sie mindestens in welcher Qualität für den Notbetrieb brauchen.

5.1.5 Risikobewertung

Risikobewertungen sind, wie vieles andere, so eine Sache. Als Menschen schwanken wir zwischen zwei Polen hin und her: Der eine ist „Sicherheit erzeugen", der andere ist „Risikobereitschaft". Beides zusammen wird nicht funktionieren. Sowohl das eine Extrem als auch das andere wird nicht zu erreichen sein. Es geht also um einen guten Kompromiss.

Dafür ist wichtig, dass wir uns an der Risikoakzeptanz orientieren. Und es wird sich nun zeigen, dass es gut ist, zunächst das Management um seine Einschätzung zur Risikotoleranz zu bitten, bevor wir in diesen Schritt der Risikobewertung eintreten, besonders im Business-Continuity-Management.

Die Risikobewertung im BCM hat zwei Funktionen:

1. Erkennen, welche Risiken auf die Ressourcen wirken und welche Maßnahmen zur Prävention abgeleitet werden können.
2. Prioritäten zu erkennen, auf welche wahrscheinlichsten Szenarien sich das Unternehmen vorbereiten sollte.

Strenggenommen – und an dieser Stelle bitte ich alle Risikomanager um Nachsicht – geht es gar nicht primär um die Risiken an sich, sondern um die Frage, welche Szenarien mit welcher Wahrscheinlichkeit auf die Ressourcen des Unternehmens einwirken können.

Risiko wird häufig durch ein Verhältnis aus Eintrittswahrscheinlichkeit oder Eintrittshäufigkeit eines Szenarios und deren Auswirkungen ausgedrückt. Also zum Beispiel, wie wahrscheinlich ist ein Hochwasser am Unternehmensstandort und welcher Schaden kann dabei entstehen? Je höher die Wahrscheinlichkeit und der Schaden, umso höher das Risiko.

Im BCM haben wir den Schaden weitgehend durch die Business-Impact-Analyse schon ermittelt. Um es einfach zu halten, sollten wir hier generell bei der Auswirkung auf den Geschäftsbetrieb bleiben und nach dem Worst-Case schauen. Bewusst haben wir die Risikobewertung, wo es nun um Szenarien geht, ganz an den Schluss der Analysephase gestellt. Zu oft wird wertvolle Zeit während der Business-Impact-Analyse verschwendet, in der diskutiert wird, welche Szenarien denn wahrscheinlich sind. Und ob die Auswirkungen denn wirklich so gravierend wären oder nicht. Deshalb: Vermeiden Sie die Diskussion von Wahrscheinlichkeiten irgendwelcher Szenarien während der eigentlichen Business-Impact-Analyse komplett!

Es empfiehlt sich deshalb, die Bewertung der Risikoszenarien als komplett eigenen Workshop zu betrachten, abgetrennt von den BIA-Aktivitäten. Weiterhin empfiehlt es sich, auf Kataloge zurückzugreifen, die uns einen guten Überblick über mögliche Szenarien geben.

Solche Kataloge sind z. B. verfügbar vom Business für Sicherheit in der Informationstechnik; der Katalog wird dort „Gefährdungskatalog" genannt. Uns interessieren für das BCM vor allem die sogenannten „elementaren Gefährdungen"[3]. Dies sind knapp 50 Szenarien, die Sie für Ihre Risikobewertung nutzen können. Wer es etwas kompakter mag, kann sich auf ISO/IEC 27005, Anhang C stürzen. Diese Norm ist ein Leitfaden für Risikomanagement in der Informationssicherheit und stellt knapp 20 Szenarien vor, die für eine Analyse hilfreich sind.

Wie gehen Sie nun am besten vor?

---

[3] https://www.bsi.bund.de/DE/Themen/ITGrundschutz/ITGrundschutzKompendium/elementare_gefaehrdungen/elementare_Gefaehrungen_Uebersicht_node.html, zuletzt abgerufen am 02.04.2021.

> **Tipp**
>
> 1. Nehmen Sie die für Sie wichtigsten Szenarien aus einem der genannten Kataloge, aus einer anderen Quelle oder brainstormen Sie, was „alles passieren könnte".
> 2. Überlegen Sie, mit welcher Wahrscheinlichkeit diese Ereignisse – wir sprechen hier von Gefahren – auf Ihr Unternehmen und Ihre Ressourcen einwirken können. Halten Sie die Bewertung dabei möglichst einfach. Eine qualitative Aussage reicht völlig aus, nämlich, ob der Eintritt „unwahrscheinlich", „möglich", „wahrscheinlich" oder gar „sehr wahrscheinlich" ist.
> 3. Überlegen Sie, mit welcher Wucht Sie eine solche Gefahr tatsächlich treffen könnte. Dabei sollten Sie immer im Hinterkopf behalten, wie gut Ihr Unternehmen gegen diese Gefahren geschützt ist – oder andersherum gesprochen – wie verwundbar Ihr Unternehmen ist. Hier helfen qualitative Kriterien für die Auswirkungen wie „vernachlässigbar", „spürbar", „kritisch" oder „verheerend".
> 4. Sie sollten überlegen, wie weit im Voraus Sie vielleicht auf das Eintreten einer solchen Gefahr im Vorfeld aufmerksam gemacht werden, z. B. durch Unwetterwarnungen durch die Wetterdienste. Haben Sie mindestens einen Tag Vorlauf, einen halben Tag, einen viertel Tag oder würde Sie das Ereignis ohne Vorwarnung einfach treffen können?
> 5. Wie lange wird das Ereignis andauern (es geht nicht darum, wie lange Sie von den Folgen betroffen wären, sondern wie lange das Ereignis üblicherweise andauert): nur kurz, einen halben Tag, einen Tag oder länger als einen Tag? Diese Information hilft Ihnen, um zu erkennen, wie lange Sie von einer Verschlimmerung der Lage ausgehen müssen. Z.B. dauern Starkregenfälle manchmal Tage an, ebenso Überflutungen.
> 6. Aus diesen Ergebnissen können Sie dann eine Risikopriorität ablesen: Um welche Gefahren sollten Sie sich primär kümmern? Es geht darum, Ihr Unternehmen zu „härten" gegen diese Ereignisse, also weniger anfällig zu sein.

5.2 Prüfen der Ergebnisse und Freigabe für die nächste Phase

Nach der Risikobewertung sollten Sie nun folgende Informationen in der Hand halten:

> **Tipp**
>
> 1. Strategische Business-Impact-Analyse – Produkte und Dienstleistungen, die für das Überleben des Unternehmens wichtig sind.
> 2. Taktische Business-Impact-Analyse – welche Prozesse und Aktivitäten für diese Produkte und Dienstleistungen relevant sind und welche Abhängigkeiten bestehen; die maximale Unterbrechungszeit mit dem nötigen Notbetrieb ist bekannt, ebenso, wann die Aktivität wieder voll hergestellt sein sollte.
> 3. Operative Business-Impact-Analyse – welche Ressourcen in welcher Anzahl die Aktivitäten brauchen und wie schnell diese wiederhergestellt werden können.
> 4. Eine Bewertung, welche Gefährdungsszenarien für Ihr Unternehmen die höchste Priorität haben, damit Sie Ihr Unternehmen dagegen „härten" können.

Lassen Sie die Ergebnisse nochmals einen Plausibilitätscheck durchlaufen. Sind die Ergebnisse soweit nachvollziehbar und in sich konsistent? Deckt sich auch die Auffassung des Top-Managements mit den Ergebnissen? Wenn diese Fragen positiv beantwortet werden konnten, geht es nun in Phase 2.

> **Ihr Transfer in die Praxis**
>
> - Sieben Sie in der ersten Stufe Ihrer Business-Impact-Analyse Ihre Produkte und Dienstleistungen kritisch aus – welche sind relevant, weil sie eine hohe Einwirkung auf das Unternehmen haben und ein nicht akzeptabler Schaden entsteht, wenn sie nicht (richtig) erbracht werden?
> - Betrachten Sie kritisch, welche Aktivitäten nötig sind, um diese kritischen Produkte und Dienstleistungen zu erbringen; betrachten Sie, wie lange diese maximal unterbrochen sein können, welcher Output in einem Notbetrieb mindestens nötig ist und wann die Aktivitäten wieder vollständig hergestellt werden müssen
> - Ermitteln Sie, welche Ressourcen benötigt werden, um einen Notbetrieb aufrecht zu erhalten
> - Bewerten Sie, welche Risiken zum Ausfall der Ressourcen führen können
> - Prüfen Sie Ihre Business-Impact-Analyse regelmäßig und aktualisieren Sie diese, damit Ihr BCM aktuell bleibt

Literatur

ISO 22301:2019 Business Continuity Management Systems – Requirements, International Organization for Standardization, 2019, Genf.

ISO 22317:2015 Business continuity management systems – Guidelines for business impact analysis (BIA), International Organization for Standardization, 2015, Genf.

https://www.bsi.bund.de/DE/Themen/ITGrundschutz/ITGrundschutz-Kompendium/elementare_gefaehrdungen/elementare_Gefaehrungen_Uebersicht_node.html, zuletzt abgerufen am 15.03.2021.

6

Business-Continuity-Strategien und -Lösungen

> **Was Sie aus diesem Kapitel mitnehmen**
>
> - Welche Optionen Sie haben, Risiken zu behandeln, damit Ihr Unternehmen weniger anfällig für Bedrohungsszenarien ist
> - Welche Optionen Sie haben, wenn eine Störung eintritt, um Ihre Aktivitäten zu stabilisieren, wieder anlaufen oder wieder herstellen zu können
> - Wie Sie Störungen, Notfälle und Krisen managen können
> - Erhalten Sie umfangreiche Tipps, wie Sie einzelne Ressourcen (Finanzen, IT-Infrastruktur, Gebäude, etc. im Rahmen Ihres BCMS schützen können

In diesem Kapitel geht es darum, die passenden Ansätze für Ihr Business-Continuity-Management auszuwählen. Nach ISO 22313 geht es in dieser Phase um folgende Ansätze:

- Die Aktivitäten des Unternehmens für die wichtigsten Produkte und Dienstleistungen gegen Gefährdungsszenarien schützen.
- Die Aktivitäten zu stabilisieren, fortzuführen, wiederanlaufen zu lassen oder wiederherzustellen.
- Auswirkungen und Schäden zu begrenzen und angemessen darauf zu reagieren.

Für diese Themen gibt es nicht *die* einzig wahre Antwort. Im Kontext Ihres Unternehmens werden Sie unterschiedliche Optionen wahrnehmen und dann die für Sie besten identifizieren. Dabei werden Sie abwägen zwischen den Kosten der Maßnahmen und der Wahrscheinlichkeit einer Unterbrechung, zwischen Maßnahmen, die Sie selbst betreiben und umsetzen, und solchen wie die Nutzung von Dienstleistungen und Versicherungen.

Wie immer gilt auch hier die Verhältnismäßigkeit und Sie werden auch die eine oder andere emotionale Entscheidung treffen. Menschen gehen bewusst Risiken ein, weil Sie sich Belohnungen und Vorteile an einer anderen Stelle erhoffen. Weshalb sonst leben so viele Menschen in Regionen, die durch Erdbeben, Tsunamis und schwere Naturereignisse gefährdet sind?

Ideal ist es, wenn Sie mehrere Optionen zur Auswahl auf dem Tisch liegen haben und dann sich für die beste Kosten-Nutzen-Balance entscheiden können. Sehen wir uns die Optionen im Detail nun an.

6.1 Das Unternehmen gegen Gefährdungen schützen

Das Ideal ist es natürlich, wenn eine Gefährdung gar nicht erst für das Unternehmen und seine Aktivitäten infrage kommt. Eine schöne, aber unrealistische Vorstellung. Dennoch gibt es Faktoren, die bei der Standortauswahl und bei der Definition der Schutzmaßnahmen eine große Rolle spielen können.

Welche Möglichkeiten stehen generell zur Verfügung, um das Unternehmen zu schützen? Dazu möchte ich das TARRA-[1]Modell anwenden, das sich an ISO 31000 und ISO/IEC 27005 anlehnt.

---

[1] Das TARRA-Modell beschreibt Möglichkeiten, mit Risiken umzugehen. In diesem Fall wurde eine vereinfachte Version, TARA, verwendet. TARRA steht für Transfer, Avoidance, Reduction, Retention und Acceptance. Auf Retention wurde in diesem Buch verzichtet. Es bezeichnet ein Vorgehen, Risiken automatisch zu akzeptieren durch die Methode der Risikobewertung.

6.1.1 Transfer

Von Transfer spricht man, wenn entweder externe Partner und Dienstleister genutzt werden sollen, die einen positiven Einfluss auf die Widerstandsfähigkeit des Unternehmens bedeuten, oder wenn Sie Versicherungen abschließen. Der Vorteil des Transfers liegt klar darin, dass Sie Ressourcen außerhalb Ihrer Organisation nutzen, um mit der Gefährdung umzugehen.

Versicherungen bieten im Schadensfall monetäre Kompensationen und ggf. auch Beratungsleistungen. Aber Vorsicht: Schauen Sie sich genau die Voraussetzungen für den Versicherungsschutz an. Welche Ereignisse sind abgedeckt? Welche Bedingungen müssen Sie selbst erfüllen? Schnell kann eine Versicherung im Schadensfall zur bitteren Enttäuschung werden für Ihr Unternehmen.

Die zweite Variante, nämlich Dienstleister oder externe Services in Anspruch zu nehmen, klingt ebenfalls verlockend. IT-Services aus der Cloud beziehen, Verträge mit Unternehmen, die bei Stromausfall einen Notstromgenerator bereitstellen, temporäre Produktionsstätten, Zeitarbeitsfirmen usw. sind valide Möglichkeiten, um Engpässe im Notfall zu beseitigen oder die Organisation widerstandsfähiger zu machen. Es gibt eine Vielzahl an Angeboten, die Sie prüfen können.

Es gibt aber dabei zwei Aspekte zu berücksichtigen. Erstens, Sie müssen sich regelmäßig um diese Verträge und die Dienstleistungen kümmern. Ist der Dienstleister verlässlich und wäre er lieferfähig, wenn jetzt der Notfall einträte? Haben Sie die Erreichbarkeit getestet und sich von der Leistungsfähigkeit überzeugt? Vor allem bei Cloud-Services kommt noch ein anderer Aspekt dazu: Eine Störung bei Ihrem Dienstleister bedeutet meist auch eine Störung bei Ihnen – dann liegt aber auch die Störungsbehebung nicht mehr in Ihrer Macht. Bitte bedenken Sie das mit. Und: Sie brauchen die Internetverbindung; sie ist fast so wichtig wie Wasser und Essen. Der zweite Aspekt liegt nicht direkt auf der Hand. Im Fall einer behördlich erklärten Katastrophe haben die Behörden die Möglichkeit, auf Sachen und Personen zurückzugreifen, um die Lage zu bekämpfen. Das kann dann schnell bedeuten, dass der Ihnen versprochene Notstromgenerator nicht bei Ihnen ankommt, sondern bei einer anderen Stelle, der die Behörden Priorität einräumen.

Das ist aus Sicht der Katastrophenschutzbehörden nur verständlich, um einer außergewöhnlichen Lage Herr zu werden. Aber es kann Ihre Pläne und Vorbereitungen gefährden. Sie haben dann zwar danach Anspruch auf eine Entschädigung, aber Sie wissen ja… das kann dauern. Wie weit die staatlichen Eingriffe gehen können, haben wir während der Coronavirus-Pandemie deutlich spüren können. Also berücksichtigen Sie bitte mögliche Zugriffe auf Ihre Ressourcen im Rahmen Ihrer Continuity-Planung.

6.1.2 Avoidance – Vermeidung

Die zweite Möglichkeit, mit Gefährdungen umzugehen ist schlicht, sie zu vermeiden. Dies kann bedeuten, den Firmensitz aus einem durch Hochwasser gefährdeten Bereich heraus zu verlagern oder gewisse Standorte bei der Auswahl zu eliminieren. Auch die Frage, welche Technologien Sie anwenden wollen, ob Sie auf ausgelagerte Prozesse setzen (verlängerte Werkbank z. B.) oder ob Sie mit bestimmten Materialien arbeiten wollen – dies alles können Entscheidungen sein, die Gefährdungen generell vermeiden. Treffen Sie diese Entscheidungen ebenfalls mit Bedacht. Bedenken Sie bitte vor allem auch Effekte, die miteinander verkettet sein können oder sich gegenseitig beeinflussen. Manchmal kommt dann eine neue Gefahr aus einer Richtung, die Sie nicht im Blick hatten.

6.1.3 Reduzieren

Gefährdungen zu reduzieren bedeutet, sie durch Maßnahmen entweder in ihrer Eintrittswahrscheinlichkeit oder ihrer Auswirkung auf die Prozesse oder das Unternehmen zu vermindern.

Wenn Sie mit Ihrem Unternehmen in einem durch Hochwasser gefährdeten Bereich liegen und einen Damm aufschütten, Sandsäcke vorbereiten und wertvolle Materialen aus tiefliegenden Räumlichkeiten entfernen, dann reduzieren Sie damit die Auswirkungen. Sie haben sich Maßnahmen überlegt, mit dem regelmäßig auftretenden Hochwasser umzugehen.

6 Business-Continuity-Strategien und -Lösungen

Etwas anders sieht es z. B. aus, wenn Sie ein Archiv für kritische Dokumente betreiben und mit einem System die Sauerstoffkonzentration in den Lagerräumen so reduzieren, dass ein Feuer im Ernstfall nicht ausreichend Sauerstoff bekommen kann. Dann haben wir etwas gegen die Eintrittswahrscheinlichkeit unternommen.

Sie merken, die Frage danach, welche Maßnahmen zur Reduzierung dienen können, kann schnell komplex und vor allem kostspielig werden.

Im „klassischen" Sicherheitsmanagement wählt man Maßnahmen aus einem Mix von folgenden fünf Elementen aus:

> **Tipp**
> - Bauliche Maßnahmen – Standortauswahl des Gebäudes, entsprechende Ausführung eines Baus, z. B. mit wasserdichtem Keller oder dem Vermauern zu tief liegender Gebäudeöffnungen.
> - Mechanische Maßnahmen – hierzu gehören z. B. Brandschutztüren und -fenster, Rauchverschlüsse oder Fluttore, die bei Hochwasser geschlossen werden können.
> - Technische Maßnahmen – hierunter fallen z. B. Löschanlagen, Wasserstandsmelder mit Lenzpumpen oder eine Notstromversorgung.
> - Organisatorische Maßnahmen – dies wären Anweisungen und Ablaufpläne für gewisse Notfallsituationen.
> - Personelle Maßnahmen – also die Ausbildung, Sensibilisierung und Ausstattung des Personals, um mit Gefahrensituationen umzugehen.

Eingangs sprach ich bereits vom Mix an Maßnahmen, da es meist nur eine Option nicht tut, sondern unterschiedliche Elemente zusammen erst die notwendige Wirksamkeit erreichen. Oder auch, weil ein Mix aus Maßnahmen meist deutlich wirtschaftlich sparsamer zu realisieren ist.

So könnte ein Unternehmen, das besonders durch einen absinkenden Grundwasserspiegel bedroht ist, einen Mix aus allen Elementen anwenden, um mit der Situation umzugehen. Es könnten Wasserreservoire baulich angelegt werden, um Oberflächenwasser, das mechanisch gesammelt wird, zu bevorraten. Durch technische Einrichtungen (Pumpen) steht das Wasser dann bei Bedarf zur Verfügung. Organisatorisch wird geregelt, wie die Anlage instand zu halten und zu testen ist. Weiterhin wird das Personal regelmäßig geschult und sensibilisiert, mit Wasser sparsam umzugehen.

Beim Härten von IT-Infrastrukturen wäre ebenfalls die Frage, wie die physische Infrastruktur (Server, Netzwerkequipment etc.) in einem geschützten Raum untergebracht werden kann, der über Brandschutztüren und Rauchklappen verfügt. Technisch muss der Raum gekühlt werden und ein Überspannungsschutz und eine unterbrechungsfreie Stromversorgung müssen vorhanden sein, ggf. mit Notstromanlage. Auch hierfür braucht es organisatorische Regeln zur Wartung und zum Test sowie ausreichend qualifiziertes Personal.

Wie sieht es aus, wenn das Unternehmen aber fast nur Cloud-Lösungen einsetzt? Auch dann gilt grundsätzlich unser Bild, dann aber ggf. etwas metaphorisch. Wie können die Netzzugänge geschützt werden (z. B. Firewall – deren Name nicht ohne Grund an bauliche Maßnahmen erinnert), die Zugänge zu den Systemen werden überwacht und systematisch gesteuert, gewisse Angriffsszenarien können durch technische Maßnahmen gestoppt werden und wiederum braucht es organisatorische Maßnahmen und ausreichende Sensibilisierung des Personals.

6.1.4 Akzeptanz

Die letzte Methode (und es sollte die *letzte* Option sein) ist es, die Gefahren so, wie sie sind, zu akzeptieren. Dies kann bedeuten, dass die Gefahren ohne irgendwelche weiteren Maßnahmen akzeptiert werden, oder dass die Gefahren nicht ausreichend behandelt werden können und die Restrisiken akzeptiert werden sollen.

Beides ist möglich. Eine Akzeptanz sollte immer über das Top-Management des Unternehmens erfolgen, schriftlich festgehalten und zeitlich begrenzt werden. Es geht darum, beim Top-Management ausreichend Aufmerksamkeit auf die akzeptierten Risiken zu lenken und die Freigabe regelmäßig (Empfehlung: mindestens jährlich) neu einzufordern.

Sollte sich die Situation ändern und das Risiko steigen, empfiehlt es sich, die Risikoakzeptanz sofort zu prüfen. Dies verhindert, dass böse Überraschungen eintreten können.

6.1.5 Woher Ideen für Maßnahmen ziehen?

Die Bandbreite an möglichen Maßnahmen ist groß. Sicher gibt es in Ihrem Unternehmen schon gute Ideen, was getan werden könnte, um die Organisation besser gegen Unterbrechungen zu schützen. Aber es ist sicher hilfreich, sich in Maßnahmenkatalogen umzusehen und sich dort auf Aspekte aufmerksam machen zu lassen, die übersehen wurden.

Für solche Maßnahmen gibt es eine große Zahl an möglichen Informationsquellen. Hier sind einige genannt, die Sie heranziehen können.

- ISO-Standards (auch in deutscher Sprache verfügbar als DIN EN ISO-Standards) – z. B. ISO 22313 als Leitfaden für Business-Continuity-Management oder ISO/IEC 27.002, wenn es um die Absicherung Ihrer IT-Infrastruktur und generell um Informationssicherheit geht; ergänzend ist auch ISO/IEC 27031 spannend, ein Leitfaden, um die Brücke zwischen BCM und IT-Continuity Management (auch Disaster Recovery Management genannt) zu schlagen.
- Bei Behörden gibt es kostenfreie Empfehlungen zu Maßnahmen, so z. B. beim Bundesamt für Bevölkerungsschutz und Katastrophenhilfe (BBK) oder beim Bundesamt für Sicherheit in der Informationstechnik (BSI).
- Beachten Sie auch Hinweise von anderen nationalen oder internationalen Organisationen, wie dem Robert-Koch-Institut (RKI) oder der World Health Organization (WHO).
- Weiterhin beschäftigen sich Verbände und Organisationen mit Business-Continuity-Management, wie z. B. das Business Continuity Institute (BCI), die ebenfalls Empfehlungen vorhalten; auch z. B. Wirtschaftsprüfungsverbände wie ISACA haben Prüfkataloge, die Sie ggf. nutzen können, um Empfehlungen für Ihr BCM abzuleiten.
- Branchenverbände veröffentlichen ebenfalls Empfehlungen für ihre Mitgliedsunternehmen.

Hören Sie sich um, es gibt eine Menge an Ideen, die Sie nutzen können.

6.1.6 IT-Infrastrukturen absichern

Lassen Sie uns einen etwas genaueren Blick auf die Absicherung von IT-Infrastrukturen werfen. Hier lauern leider manchmal böse Überraschungen, wenn nicht von Anfang an gewisse Aspekte berücksichtigt werden.

IT-Systeme spielen natürlich eine kritische Rolle für die Verfügbarkeit von Aktivitäten, die das Überleben des Unternehmens sicherstellen. Deshalb sollten Sie diesen Abhängigkeiten schon in der Business-Impact-Analyse genug Aufmerksamkeit widmen.

An vielen Stellen wird für IT-Infrastruktur zwischen On-Premise- und Cloud-Betrieb unterschieden. Kurz gesagt geht es darum, ob Sie Ihre eigene IT-Infrastruktur betreiben oder Services aus der Cloud beziehen. Für viele Unternehmen wird heute die Situation so sein, dass sie beides in ihrem Unternehmen haben. Immer mehr Firmen streben eine „Cloud First"-Politik an, in dem guten Glauben, damit alles für ihr Continuity Management getan zu haben. Aber auch in solchen Fällen ist eine eigene Mitverantwortung für die Überlebensfähigkeit des Unternehmens gegeben.

> **Was sollten Sie berücksichtigen**
>
> - Wenn Sie Ihre eigene Infrastruktur betreiben: Welche Form von Ausweichkonzept wollen Sie nutzen?
>   - **Cold Stand-by** – die Infrastruktur an Ihrem Ausweichstandort muss erst aktiviert werden, ggf. müssen Daten aus einem Backup rückgesichert werden, bevor Sie wieder auf die Infrastruktur zugreifen können. Diese Variante ist günstiger, aber Sie haben eine garantierte Unterbrechungszeit.
>   - **Warm Stand-by** – die Systeme in Ihrem Ausweichstandort haben einen aktuellen Datenbestand (ggf. mit Ausnahme eines einkalkulierten Datenverlustes seit dem letzten Datenabgleich), die Aktivierung geschieht meist manuell, da zum Beispiel Netzwerkverbindungen umgestellt werden müssen.
>   - **Hot Stand-by** – Ihr Ausweichsystem kann automatisch und in der Regel ohne Datenverlust die ausgefallenen Services übernehmen. Das ist die teuerste Lösung, dafür gibt es keine Unterbrechungszeit.
> - Daten zu replizieren, z. B. auf ein Stand-by-System, ist kein Backup! Mit Replikation laufen Sie auch Gefahr, die Fehler mit zu replizieren.

Dies kann ebenfalls zum Ausfall des Ausweichsystems führen oder Sie replizieren die Schadsoftware gleich mit. Sie brauchen also immer auch ein Backup! Ein Backup sollten Sie selbst auch immer von Cloud-Systemen haben.
- Backups sollten immer mehrere Datenkopien in unterschiedlichen Abständen (Tagesbackup, Wochenbackup, Monatsbackup, ggf. Jahresbackup) enthalten, damit Sie im Fall eines Fehlers oder einer Schadsoftware auf eine ältere Kopie der Daten zugreifen können. Nutzen Sie bitte immer mindestens zwei getrennte Backupmedien. Sollten Sie Cloud-Lösungen nutzen, dann ist ein Backup Ihrer Daten auf ein unter Ihrer Kontrolle stehendes Backupmedium oder -system zu empfehlen. Und halten Sie immer Backupkopien offline, das heißt, nicht aktiv mit dem Netzwerk verbunden. Wie oben schon erwähnt: Merken Sie sich „3–2–1" für Backups. Mindestens drei Kopien Ihrer Daten auf zwei unterschiedlichen Medien, mindestens eins davon offline.
- Sichern Sie nicht nur Daten, sondern auch Ihre Software und Ihre virtuellen Maschinen. Diese Empfehlung aus ISO/IEC 27002 soll helfen, dass Sie nicht nur Daten, sondern auch Ihre Infrastruktur wiederherstellen können.

6.2 Die Aktivitäten stabilisieren, fortführen, wieder anlaufen lassen oder wiederherstellen

Widmen wir uns nun der Frage, wie Sie mit Aktivitäten während einer Disruption umgehen sollten. Auch dafür gibt es mehrere Optionen, die je nach Kritikalität und Wirtschaftlichkeit zur Auswahl stehen.

6.2.1 Stabilisieren

Unter der Stabilisierung eines Prozesses oder einer Ressource verstehen wir, dass diese(r) im Idealfall durch eine Störung gar nicht beeinträchtigt wird oder auf einem vorher definierten Niveau weiterläuft.

Als Beispiel wollen wir die Stromversorgung betrachten. Kommt es zu einem Stromausfall, so gibt es Ressourcen und Prozesse, die darauf extrem sensibel reagieren. Schon Unterbrechungen im Millisekunden-

Bereich können IT-Infrastruktur und Produktionsprozesse aus dem Takt bzw. zum „Absturz" bringen. Um dies gar nicht erst auftreten zu lassen, macht es Sinn, über Unterbrechungsfreie Stromversorgungen (USV) nachzudenken. Diese batteriegespeisten Systeme überbrücken Stromausfälle im Bereich von bis zu einigen Minuten. Sie können sich vorstellen, dass eine USV nur über begrenzte Kapazitäten verfügt und es daher Sinn macht, nicht jedes Gerät über die USV zu speisen. Es ist so etwa vernünftig, die Rechnereinheiten über eine USV einzuspeisen, nicht aber die Beleuchtung des Gebäudes. Für das Gebäude sollte es zumindest eine Notbeleuchtung der Notausgänge geben, die ebenfalls über Batterien gepuffert ist.

Sollte ein Stromausfall länger andauern (im Bereich von Minuten), kann die Stromversorgung von einer Netzersatzanlage (auch Notstromgenerator genannt) übernommen werden. Auch hier ist es so, dass es häufig keinen Sinn macht, das gesamte Gebäude mit Notstrom zu versorgen, sondern nur die wirklich relevanten Geräte. Dies spart teure Generatorkapazitäten und verlängert die Laufzeit des Generators aus dem Vorratstank.

Zusammengefasst: Stabilisieren führt im Idealfall dazu, dass Ihre Kunden eine Unterbrechung gar nicht wahrnehmen. Sie sind in der Lage, weiterhin Ihre Aktivitäten durchzuführen, wenn auch ggf. mit Einschränkungen.

6.2.2 Fortführen

Unter Fortführen verstehen wir, eine Aktivität zum Beispiel durch Work-Arounds weiter aufrecht zu erhalten. Ihre Telefonleitungen mögen unterbrochen sein, aber sie können umgeleitet werden, z. B. auf Mobiltelefone oder an andere Standorte Ihres Unternehmens. Sie bleiben damit erreichbar für Ihre Kunden. Bestellungen könnten per Ersatzsystem oder gar mit Zettel und Stift aufgenommen werden, um eine Bestellannahme weiter sicher zu stellen.

Fortführen kann auch bedeuten, dass Sie Ersatzinfrastruktur vorhalten, auf der Sie weiterarbeiten können. Z. B. könnte eine Druckerei weitere Druckstraßen an einem anderen Standort betreiben, die genutzt werden können, um dringende Aufträge abzuarbeiten.

Ein wichtiger Unterschied zu „Stabilisieren" ist aber, dass es meist zu einer Unterbrechung kommt, bis Sie auf Ihre Ersatzsysteme oder Ersatzressourcen zurückgreifen können. Diese Unterbrechungszeiten sind meist kurz. Je nach Geschäftsfeld, in dem Sie tätig sind, kann dies eine Unterbrechung im Minuten- oder auch Tagesbereich bedeuten. Wichtig aber ist: Sie sind weiter in der Lage, einen ungewünschten und nicht akzeptablen Schaden auf das Unternehmen zu verhindern.

6.2.3 Wiederanlauf

Wie der Begriff bereits suggeriert, kommt es hier immer zu einer Unterbrechung der Aktivität Ihres Unternehmens. Dieser Umstand muss von vornherein berücksichtigt werden.

Unter Wiederanlauf verstehen wir eine ähnliche Ausrichtung wie beim Fortführen, nur dass der Aufwand zum Wiederanlauf höher sein und vor allem längere Zeit in Anspruch nehmen kann. Fortführen setzt oft auf Ersatzinfrastruktur. Ein Wiederanlauf erfolgt meist auf der Infrastruktur, die von der Unterbrechung betroffen war.

Ein Beispiel wäre, wenn Sie wegen eines starken Wetterereignisses die Produktion unterbrechen müssen, Ihr Unternehmen bestmöglich schützen und alle Mitarbeitenden nach Hause schicken. Nach dem Ereignis, sagen wir einem Hochwasser, muss aufgeräumt und gereinigt werden. Die Infrastruktur wird getestet, damit technische Fehler möglichst ausgeschlossen werden, und dann wieder in Betrieb genommen.

6.2.4 Wiederherstellung

Wenn Ressourcen und damit Aktivitäten des Unternehmens wiederhergestellt werden müssen, sind im Unternehmen bereits Schäden entstanden, die beseitigt werden müssen. Nehmen wir an, durch ein Hochwasser wäre der Maschinenpark des Unternehmens zerstört. Im schlechtesten Fall würde nun die Suche nach einem Lieferanten beginnen, der uns die Maschinen beschaffen kann. Gleichzeitig würden die Verhandlungen mit der Versicherung beginnen, wie der Schaden reguliert werden kann. Natürlich sind nicht die gleichen Maschinen verfügbar, sodass bisherige Konfigurationen nicht mehr passen. Abläufe und Programme müssen angepasst und umgeschrieben werden. Da die Steuerprogramme nicht richtig dokumentiert wurden, ziehen sich die Maßnahmen wie Kaugummi… Sie wissen, worauf ich hinaus möchte.

> **Erfolgsfaktoren für die Wiederherstellung sind**
> - Genaue Spezifikation der Abläufe, Konfigurationen und Programme sind vorhanden, nachvollziehbar dokumentiert und liegen als Kopien vor, falls auch unsere Unterlagen oder die IT-Systeme Schaden genommen haben,
> - die genauen Spezifikationen der Maschinen sind vorhanden, damit bei der Ersatzbeschaffung die richtigen Leistungswerte eingehalten werden können und
> - Sie haben eine Liste mit vertrauenswürdigen und zuverlässigen Lieferanten; Sie kennen Lieferzeiten und bekommen mit, wenn sich Lieferengpässe ergeben.

Für die Zeit der Wiederherstellung, die je nach Ereignis auch Monate dauern kann, ist es wichtig, dass Sie am Markt bleiben. Es geht vor allem darum, dass Sie Ihre Lieferverträge erfüllen können und als Marke weiterhin am Markt wahrgenommen werden. Deshalb sind unter bestimmten Umständen Verträge zur gegenseitigen Unterstützung in einem solchen Störungsfall sinnvoll.

Was ich damit meine, ist: Suchen Sie sich einen Marktbegleiter, zu dem Sie ein gutes Vertrauensverhältnis haben und schließen Sie einen gegenseitigen Vertrag, sich bei einem Notfall durch Produktionskapazitäten zu unterstützen. Damit sollten Sie in der Lage sein, zumindest so viele Produkte auf den Markt zu bringen, dass Sie Ihre wichtigsten Verpflichtungen erfüllen können.

Natürlich können Sie auch Produktionskapazitäten erst im Bedarfsfall zumieten, vielleicht auch über eine verlängerte Werkbank. Dazu sollten Sie allerdings genau wissen, welche Optionen Sie dort haben und ob Sie Ihre Produkte in der gleichen Qualität produzieren (lassen) können.

6.3 Auswirkungen und Schäden begrenzen und angemessen darauf reagieren

In diesem Kapitel wollen wir uns anschauen, welche Optionen zur Schadensbegrenzung Sie haben und wie Sie strukturiert auf eine Unterbrechung reagieren können. Dabei geht es nicht darum, für einzelne Schadensereignisse genaue Reaktionsmuster zu beschreiben. Das würde den Umfang dieses Buches deutlich sprengen – und ein solches Buch könnte nie vollständig sein. Zu individuell sind die Schadenswirkungen auf jedes einzelne Unternehmen und zu speziell die Reaktionsmöglichkeiten.

> **Deshalb beschränken wir uns auf drei wesentliche Aspekte**
> - Wie können Störungen behandelt und behoben werden?
> - Wie gehen wir mit Notfällen um?
> - Wie reagiert ein Unternehmen auf Krisen?

Wenn wir diese drei Fälle betrachten, haben Sie eine gute Vorstellung davon, welche Reaktionsmuster Sie einführen könnten. Bereits in Kap. 2 haben wir Störung, Notfall und Krise gegeneinander abgegrenzt. Lassen Sie uns deshalb direkt in die Vollen gehen.

6.3.1 Management von Störungen

Störungen sind, wie wir schon definiert haben, Situationen, die Sie mit Ihren alltäglichen Ressourcen behandeln können. Allerdings kann eine Routinestörung sich auch als hartnäckig herausstellen, sodass Sie externe Hilfe benötigen oder gar nach einiger Zeit tatsächlich einen Business-Continuity-Plan aktivieren müssen.

Deshalb ist es wichtig, im alltäglichen Störungsmanagement eine hohe Sensibilisierung für BCM zu erzeugen und klare Eskalationstrigger einzubauen.

Sie sollten insbesondere

- Klare Zuständigkeiten für das tägliche Störungsmanagement festlegen,
- auf die Ausbildung und Erfahrung der Personen im Störungsmanagement achten und diese laufend entwickeln,
- Abläufe im Störungsmanagement festlegen und dokumentieren (Checklisten dazu wie Störungen behandelt werden),
- Ersatzmaterial und die richtigen Werkzeuge und Tools für das Störungsmanagement vorhalten (und nochmals: die Personen darauf schulen),
- auf eine Überwachung von Aktivitäten und Ressourcen achten, die störungsanfällig sind, damit Sie rechtzeitig eine Störung mitbekommen,
- wo nötig, Rufbereitschaften und Bereitschaftsdienste einführen, damit Störungen auch außerhalb der Kernzeiten behandelt werden können,
- regelmäßig Informationen von Herstellern und Lieferanten zur Entstörung von Maschinen und IT einholen,
- Störungen immer protokollieren, um Häufungen zu erkennen und aus den bisherigen Störungen zu lernen, wie Sie gezielter vorgehen können,
- eine Art „Störungsdatenbank" aufbauen mit den bekannten Störungen, deren Ursachen und was dagegen getan werden kann (wichtig auch: wie lange eine Entstörung üblicherweise dauert),
- festlegen, ob und wann eine verantwortliche Person über eine Störung und die Behebung informiert werden muss,
- definieren, wie man mit erfolglosen Entstörungsversuchen umgeht (erkennen, wann eine Eskalation erfolgen muss) und
- definieren, nach welcher abgelaufenen Zeit spätestens eine Information (z. B. an eine(n) Manager(in) vom Dienst) erfolgen muss, um, wenn nötig, weitere Maßnahmen anlaufen zu lassen.

Wichtig ist hierbei: Sie müssen wissen, wann aus einer Störung ein Business-Continuity-Fall wird, das heißt, nach welcher abgelaufenen Zeit Sie den Notbetrieb ausrufen müssen. Bestehen Sie darauf, dass regelmäßig über den Status der Maßnahmen Bericht erstattet wird. So manches „wir haben es gleich" hat zu massiven Auswirkungen auf das Unternehmen geführt, weil im falschen Ehrgeiz aus einer Entstörung ein Disaster wurde.

6.3.2 Management von Notfällen

Notfälle unterschieden sich von Störungen dadurch, dass Sie Ressourcen zu ihrer Bewältigung benötigen, die das Unternehmen normalerweise nicht vorhält. Im Klartext: Ein Notfall kann nur mit externer Unterstützung bewältigt werden. Hier befinden wir uns in einer Grauzone, und zwar zwischen dem Störungsmanagement und dem Krisenmanagement. Und es ist nicht automatisch so, dass ein Notfall eine BCM-Response aktiviert. Nicht jedes Mal, wenn ein Notfalldienst auf den Hof fährt, muss ein BC-Plan aufgerufen werden. Es kann also sein, dass die Eskalation Richtung Notfall voll im Störungsmanagement berücksichtigt wind. Andere Notfallsituationen entstehen direkt, ohne vorher eine Störung zur Ursache gehabt zu haben. Ein Beispiel: Wenn die Brandmeldeanlage auslöst, fährt die Feuerwehr auf den Hof. Eine Störungsbehebung eines Feuers gibt es nicht, es handelt sich um einen Notfall.

Häufig erleben wir durch Brandmeldeanlagen ausgelöste Fehlalarme oder ein Entstehungsbrand kann zum Glück rasch durch die Feuerwehr unter Kontrolle gebracht werden. Die Situation kann aber auch ganz anders ausgehen und am Ende ist das Firmengebäude ein Raub der Flammen geworden – ein klarer Business-Continuity-Fall.

Wie gesagt, dazwischen gibt es ganz viel Interpretationsraum und vor allem Unsicherheit. Sollen wir den BC-Plan aktivieren? Sollen wir nicht? Warten wir noch ab? All das ist Aufgabe des Notfallmanagements. Als Basis brauchen wir wiederum ein gutes Verständnis der Aktivitäten aus der Business-Impact-Analyse. Eine einfache Formel verdeutlicht, weshalb.

Nehmen wir an, ein Unternehmen stellt in der Taktischen BIA fest, dass eine Aktivität für ein kritisches Produkt maximal 24 h unterbrochen sein darf. Nach diesen 24 h muss die Aktivität wieder voll verfügbar sein. Dies bedeutet etwa, dass in einer Bestellannahme mindestens drei Arbeitsplätze mit qualifiziertem Personal telefonisch und per E-Mail erreichbar sind und Aufträge in ein IT-System erfassen können.

Von der operativen BIA wissen wir (nehmen wir hier als Beispiel an), dass die Telefonanbindung nach ca. 1 h wieder verfügbar gemacht werden kann, da der Service aus „der Cloud" bezogen wird und nur Notfallnummern von Mobiltelefonen hinterlegt werden müssen. Das IT-System für die Bestellerfassung braucht allerdings 14 h, um nach einem Crash wieder verfügbar zu sein und alle Daten rückzusichern. Wir nehmen auch an, dass die Maßnahmen für das Wiederherstellen des IT-Systems und der Telefonanlage parallel durchgeführt werden können. Die Zeiten addieren sich also nicht auf.

Dies bedeutet aber auch, dass beim Eintreten eines Unterbrechungsszenarios allerspätestens nach zehn Stunden mit der Wiederherstellung angefangen werden muss, sollen die insgesamt maximal 24 h eingehalten werden. In diesen zehn Stunden muss nun

- die eingetretene Störung erkannt und gemeldet werden (z. B. durch ein Monitoring-System, das den Ausfall des Erfassungssystems meldet),
- eine zuständige Person die Meldung bemerken und bearbeiten,
- die Störungsbehebung anlaufen und rechtzeitig erkannt werden, ob ein Notfall besteht (also externe Hilfe nötig ist) und
- der Business-Continuity-Plan aktiviert werden, inklusive aller Informationen an die zuständigen Personen dafür.

Zehn Stunden klingt viel, denken Sie? Nun, wie ist es, wenn die Störung am Freitagabend auftritt? Sie merken, das Störungs- und Notfallmanagement muss gut gesteuert werden, um den Zeitpunkt für die Aktivierung eines BC-Plans nicht zu verpassen.

Unternehmen sollten sich also gut überlegen, ob geregelte Rufbereitschaften vielleicht eine gute Investition in die Überlebensfähigkeit des Unternehmens sind. Außerdem ist es überlegenswert, die Ressourcen für kritische Aktivitäten soweit möglich auf ihre Verfügbarkeit und Störungsfreiheit zu überwachen. Dies kann durch Monitoringsysteme erfolgen, z. B. für IT-Systeme, Wasserstandsmelder, Rauchwarnmelder, Rauchfrühwarnsysteme (Rauchansaugsysteme), Temperaturüberwachung, Gefahrenmeldesysteme oder auch Warnmeldungen, die aus Internetquellen verfügbar sind. Auch Lieferketten lassen sich international mit Frühwarnindikatoren überwachen, damit Sie rechtzeitig gewarnt werden, wenn bei einem Ihrer Lieferanten etwas schief geht.

Sie sollten sicherstellen, dass rund um die Uhr eine Person erreichbar ist, die Entscheidungen dazu treffen kann, ob ein Business-Continuity-Plan aktiviert werden soll. Eine solche Manager*in vom Dienst wird bei Störungen immer dann informiert, wenn eine gewisse Zeitdauer verstrichen ist und immer bei Notfällen, um informiert und vorgewarnt zu sein. Diese Person ist mit allen Informationen versorgt, um Absprachen zu treffen, und trifft im Ernstfall die Entscheidung zur Aktivierung eines Plans oder eines Notfall- oder Krisenstabs.

Mit der Funktion eines Krisenstabs werden wir uns im kommenden Kapitel beschäftigen. Aber vorab: in einer Notfallsituation kann selbstverständlich ein Notfallstab oder Notfallteam aktiviert werden, das sich um die Koordination aller Aufgaben zur Notfallbewältigung kümmert. Hierbei geht es um die taktischen und operativen Entscheidungen. Das Notfallteam oder der Notfallstab handelt dabei immer im Rahmen seiner normalen Entscheidungsfreiheiten, die durch den Geschäftsverteilungsplan eingeräumt sind.

Doch wie verhält es sich, wenn dies nicht ausreicht, um eine Situation zu behandeln? Darum geht es im nächsten Kapitel.

6.3.3 Management von Krisen

Wenn reguläre Entscheidungswege und Zuständigkeiten des Alltags nicht mehr ausreichen, dann ist es entscheidend, in das Krisenmanagement einzusteigen. Generell ist das Krisenmanagement in einem Unternehmen nicht nur für den Business-Continuity-Fall etabliert. Es gilt der Merksatz: *Jeder Business-Continuity-Fall aktiviert das Krisenmanagement, nicht jede Krise braucht das Business-Continuity-Management.*

Konkret bedeutet dies, dass das Krisenmanagement eine bewusste Universalreaktion des Unternehmens ist, und zwar auf alle ungewöhnlichen kritischen Ereignisse, die das Überleben des Unternehmens akut oder potenziell gefährden. Solche Situationen brauchen eine klare

Fokussierung und Konzentration aller Kräfte auf die Behandlung dieser Ausnahmesituation. Das Krisenmanagement steigt bewusst aus den Strukturen des Alltags im Unternehmen aus. Die Führungsstruktur wird häufig und vor allem in Initialphasen einer Krise eher hierarchisch und „Command and Control". Es geht darum, schnell gut informierte Entscheidungen zu treffen und alle Kräfte zu bündeln. Dabei wird interdisziplinär vorgegangen; alle relevanten Disziplinen sitzen mit am Tisch. Der interdisziplinäre Ansatz soll trotz der eher hierarchischen Ausrichtung auch dafür sorgen, dass Kreativität zum Einsatz kommt und unkonventionelle Lösungen für Probleme gefunden werden.

Wie eingangs schon beschrieben, braucht nicht jede Krisensituation ein funktionierendes BCM, da das operative Business vielleicht (noch) nicht durch die Krise betroffen ist. Wenn aber umgekehrt ein Business-Continuity-Fall vorliegt, sollte das Krisenmanagement immer mit aktiviert werden. Zumindest in der Initialphase lassen sich damit die Maßnahmen besser koordinieren. Später kann es sein, wenn ein Notbetrieb über Wochen oder Monate anhält, dass das Krisenmanagement wieder zurückgebaut wird und BCM damit zu einem „Quasi-Normalbetrieb" wird.

Für ein funktionierendes Krisenmanagement gibt es einige Erfolgsfaktoren, die wir hier kurz betrachten wollen

- Es gibt im Unternehmen nur einen Krisenstab mit Kernmitgliedern. Dieser Stab wird je nach Situation um Vertreter*innen der einzelnen Fachbereiche, wenn nötig, auch durch externe Experten, ergänzt. Machen Sie bitte nicht den Fehler, für unterschiedliche Szenarien Krisenstäbe vorzuplanen. Erstens: Wer weiß, ob diese Szenarien glasklar eintreten, um den richtigen Stab zu alarmieren, und zweitens nehmen Sie sich viel Flexibilität.
- Ein Krisenstab besteht immer aus einem Leiter des Krisenstabs und einem Kernteam aus geschulten und trainierten „Krisenhandwerkern". Die Krisenhandwerker sorgen für folgende Grundfunktionen im Stab: Sie halten Überblick über die Lage und besorgen Informationen darüber (Funktion Lagebild), sie führen die Maßnahmen, um die Krise zu behandeln, aus und koordinieren Notfallteams und -stäbe (Einsatz), sorgen für ausreichend Ressourcen (Versorgung), sorgen für ausgeruhtes und gut versorgtes Personal und dessen medizinische und psychologische Betreuung (Personal), sorgen für eine funktionierende

6 Business-Continuity-Strategien und -Lösungen 81

Ausstattung des Krisenstabs mit allen Kommunikationsmitteln (Information und Kommunikation – IuK) und betreiben in Abstimmung mit dem Stab die interne und externe Krisenkommunikation. Ergänzt wird der Stab um Einsatztagebuchführung, Assistenzkräfte und vor allem eine Sichtungsfunktion. Ein Sichter sorgt dafür, dass der Stab ungehindert arbeiten kann, indem nur wirklich relevante Meldungen und Personen zum Stab vorgelassen werden. Eine Sichterin beurteilt die Informationen, die eingehen und verteilt diese an die zuständigen Personen weiter.
- Ein Stab sitzt nicht die gesamte Zeit zusammen, sondern geht seiner Arbeit nach und trifft sich regelmäßig zu Krisenstabsbesprechungen. Die Besprechungen finden im Idealfall stehend statt, damit sie sich nicht unnötig in die Länge ziehen. Reihum geben die Mitglieder des Stabs ihre Erkenntnisse weiter, geben einen Überblick über Aufgaben und Ressourcen und bereiten Entscheidungen vor. Danach geht es wieder an die Arbeit. Während einer Krisenstabsbesprechung ist Telefon- und Messengerverbot. Es geht um eine ungestörte Lagebeurteilung.
- Der Stab ergänzt sich mit Fachkräften aus den Bereichen, die etwas zum Krisenmanagement beitragen können. Dies können Funktionen sein wie IT, Datenschutz, Cyber-Security, Produktion oder z. B. Umweltschutz. Auch externe Kräfte können je nach Situation in den Stab einbezogen werden. Aber immer nur dann, wenn diese Personen zur Behandlung der Lage wirklich etwas beitragen können. Alarmieren Sie diese Personen nach der aktuellen Situation dazu, ergänzen Sie, schicken Sie aber auch Personen wieder nach Hause, die keinen Beitrag (mehr) leisten können. Im Stab geht es um FOKUS!
- Krisenstabsleiter muss nicht die höchste Hierarchie des Unternehmens sein. Manchmal ist es gut und richtig, wenn nicht die Geschäftsführerin oder ein Vorstand den Stab leiten, sondern eine besondere geeignete Person einer niedrigeren Hierarchie. Das braucht Vertrauen und eine freie Hand. Eine Entscheidung des Krisenstabes zählt. Natürlich kann die Entscheidung mit neuer Erkenntnis angepasst und revidiert werden. Aber niemals sollte dies über ein Veto der Geschäftsführung passieren.
- Ein Stab braucht Ruhe und daher einen geeigneten und möglichst abgeschotteten Bereich. Auch virtuell kann ein Stab regelmäßig zusammentreten. Telefonkonferenzen und Webmeetings sind ein gutes Mittel, wenn die Internetverbindung ausreichend sichergestellt ist. Achten Sie nach Möglichkeit auf alternative Kommunikationsmittel, wenn Internet oder Mobilfunknetz überlastet sind. Im Nahbereich sind Funkgeräte zur Kommunikation immer noch eine gute Möglichkeit.
- Üben Sie! Üben Sie! Und üben Sie! Ein Krisenstabsteam muss regelmäßig die Funktionen trainieren. Dabei geht es nicht darum,

einzelne Szenarien zu verinnerlichen, sondern die Abläufe und das Handwerk zu üben. Wie stellen Sie ein Lagebild zusammen, wie wird ein Einsatztagebuch geführt, wie funktionieren Stabsbesprechungen am besten?
- Bereiten Sie Templates vor. Gerade für Pressemitteilungen oder auch interne Kommunikation bewährt es sich, Meldungen bereits vorgefertigt zu haben. In diese Templates tragen Sie „nur" noch die aktuellen Erkenntnisse, etwas zur Situation und zu Verhaltenshinweisen ein und können diese versenden.
- Wenn Sie in die Öffentlichkeit kommunizieren müssen, kommunizieren Sie beschreibend, nicht wertend. Beschreiben Sie nur die Situation und spekulieren Sie nicht über Ursachen. Sprechen Sie schon gar nicht über Verantwortungen oder Schuldzuweisungen.
- Eingehende Informationen müssen geeignet sein, um Entscheidungen treffen zu können. Kennen Sie die Quelle (1. Hand) oder haben Sie die Möglichkeit, Informationen aus zweiter Hand über mehrere unabhängige Quellen zu prüfen? Dann können Sie die Informationen für Ihre Entscheidungsfindung nutzen. Gerüchte sind nicht geeignet, auch allgemeine Pressemeldungen nicht. Presseagenturen schreiben voneinander ab. Nur weil etwas oft berichtet wird, muss es nicht richtig und wahr sein. Vermeiden Sie es, Entscheidungen auf der Basis von Gerüchten oder allgemeiner Berichterstattung zu treffen.

Vieles könnte über Krisenmanagement noch in diesem Buch geschrieben werden, muss es aber nicht. Als Fazit: Holen Sie die richtigen Personen zusammen, holen Sie ausgebildete und erfahrene Krisenhandwerker zusammen und treffen Sie Entscheidungen auf der Basis der besten zur Verfügung stehenden Informationen!

Für den Business-Continuity-Fall gilt zusammengefasst, dass Sie den Krisenstab aktivieren sollten, wenn ein Business-Continuity-Plan aktiviert wird – oder Sie legen fest, dass nur der Krisenstab einen Business-Continuity-Plan aktivieren darf (Achtung: Sie müssen das in Ihrer Reaktionszeit berücksichtigen). Wenn eine Unterbrechung stabilisiert wurde, aber der Notbetrieb noch über Wochen oder gar Monate aufrechterhalten werden muss, können Sie aus dem Krisenmanagement wieder in das Normalmanagement zurückkehren. Direkt, bevor es wieder in den Normalbetrieb zurückgeht, also der Notbetrieb beendet werden soll, kann es sinnvoll sein, den Krisenstab nochmals für die Koordination zu aktivieren. Die Übergangsphase ist eine Phase der Instabilität und verdient entsprechende Begleitung durch den Stab.

6.4 Einzelne Ressourcen – Optionen

In diesem Kapitel wollen wir an einigen Beispielen betrachten, welche Optionen Sie für einzelne Ressourcen haben. Dieses Kapitel ist nach ISO 22313 aufgebaut und betrachtet immer folgende Fälle:

> **Tipp**
> - Was kann vorbeugend getan werden, um eine Ressource im Idealfall gar nicht ausfallen zu lassen
> - Welche Optionen gibt es, um einen stabilen Notbetrieb zu erreichen?
> - Was ist beim Zurück zum Normalbetrieb zu beachten?

Die Ausführungen sind für einen schnellen Überblick bewusst knapp und tabellarisch gehalten. Bitte beachten Sie immer von der Business-Continuity-Impact-Analyse und der Risikobewertung aus, welche Optionen sinnvoll sind. Dabei geht es auch um die Frage, was wirtschaftlich und zeitlich überhaupt möglich ist.

Stellen Sie die Optionen dem Management-Team vor, um eine Entscheidung und auch die Akzeptanz von Restrisiken einzuholen, wenn Maßnahmen derzeit nicht eingeführt werden können oder sollen.

6.4.1 Personen und Verantwortungsträger

Prävention

- Vertretungsregelungen einführen, damit Funktionen und Verantwortungen immer mit mindestens einer Person als Vertreter (besser zwei Vertreter) besetzt sind – denken Sie auch an die Zugriffsrechte auf Bankkonten, Vollmachten, Prokura und IT-Berechtigungen (Passwörter, PIN, Zwei-Faktor-Authentifizierungen, Online Banking-Freigaben).
- Schulen und trainieren Sie Personen regelmäßig, wie sie sich in Sicherheit bringen und schützen können! Beziehen Sie, wo nötig, auch Besucher und Lieferanten in die Schulungen mit ein, damit diese das richtige Verhalten und die Notausgänge kennen.

- Bereiten Sie Kommunikations- und Alarmwege vor, wie Sie Mitarbeitende im Notfall sicher erreichen können. Hierzu gehören Alarmierungstools, Telefonketten, aber auch extern gehostete Websites nur für Ihre Mitarbeitenden, auf denen diese im Notfall Informationen bekommen können.
- Bewerten Sie regelmäßig Gefahren am Arbeitsplatz und beseitigen Sie diese. Dazu gehören auch persönliche Schutzausstattung und freie Fluchtwege.
- Üben Sie Störungs- und Notfallmanagement regelmäßig. Üben Sie Business-Continuity-Pläne.

Erreichen des stabilen Notbetriebs

- Sind alle Mitarbeitenden, Besucher und Lieferanten wohlauf und in Sicherheit? Das ist die erste Prämisse!
- Informieren Sie klar darüber, was nun geschehen soll. Sollen die Mitarbeitenden zuerst abwarten, nach Hause gehen oder wird ein Business-Continuity-Plan aktiviert.
- Bedenken Sie, dass Sie möglicherweise in Schichten arbeiten müssen oder nur in kleinen Kernteams, um den Rest des Personals zu schützen oder um Ressourcen zu sparen.
- Haben Sie alle Funktionen, Verantwortungen, aber auch das nötige Know-how und die Erfahrung berücksichtigt, die Sie für die Behandlung der Situation brauchen? Wenn es nur diese eine Person gibt, die sich schon immer um dieses System gekümmert hat und als einzige weiß, was nun zu tun ist… das sollte bei der Planung ein Alarmzeichen sein! Achten Sie frühzeitig darauf, dass Know-how nicht an Einzelpersonen hängt.
- In besonderen Fällen ist es auch möglich, Know-how hinterlegen zu lassen, z. B. in einem Schließfach oder bei einem Notar, wenn etwa nur eine Person eine geheime Rezeptur kennt, die Rezeptur im Notfall aber verfügbar sein muss.
- Sorgen Sie auch in der Hektikphase dafür, dass alle Beteiligten ausreichend trinken, essen und Ruhepausen haben. Heroisch durchgemachte Nächte, um die Firma zu retten, lassen zwar den Glückshormon-Spiegel steigen, gleichzeitig aber auch die Fehlerrate. Also: Sorgen Sie für Ruhe und Erholung dazwischen.

Zurück zum Normalbetrieb

- Für die Rückkehr zum Normalbetrieb kann es nötig sein, Nacharbeiten zu leisten. Dafür sind möglicherweise Schichtarbeiten nötig oder Leiharbeitskräfte. Planen Sie das rechtzeitig ein.
- Werten Sie alles aus, was Sie zusammen gelernt haben. Jede Störung, jeder Notfall soll das Unternehmen besser machen. Werten Sie Situationen aus und lernen Sie.
- Feiern Sie, wenn Sie wieder zurück im Normalbetrieb sind und erkennen Sie die Leistung aller Beteiligten an.

6.4.2 Informationen und Daten

Prävention

- Kennen und klassifizieren Sie Ihre wichtigen Informationen, damit diese angemessen geschützt werden. Legen Sie auch in Verträgen mit Kunden und Dienstleistern fest, wie Informationen geschützt werden sollen, z. B. gegen Verlust, Veränderung oder unbefugten Zugang zu Informationen.
- Haben Sie Backup-Strategien, die so ausgerichtet sind, dass ein maximal tolerabler Datenverlust eingehalten wird? Prüfen Sie regelmäßig, ob die Backup-Strategie funktioniert und Daten wiederhergestellt werden können. Beziehen Sie in Backupstrategien auch Software, Konfigurationsdateien und Systemabbilder ein.
- Nutzen Sie konsequent mindestens den 3–2-1 Backup-Ansatz. Also mindestens drei Backup-Kopien auf zwei unterschiedlichen Medien, davon ein Backup offline (also nicht mit dem Netzwerk verbunden). Es können ausgefeilte Methoden nötig sein, wie Spiegelung von Serverinfrastrukturen, kreuzweises Backup über Rechenzentren und Vorhalten von mehreren Generationen von Tages-, Wochen, Monats- und Jahresbackups. Verlassen Sie sich bitte nicht allein auf Ihre Cloud-Anbieter, sondern führen Sie auch eigene Backups durch.
- Testen Sie Ihre Backups. Wie schnell können die wertvollen Informationen rückgesichert werden?

Erreichen des stabilen Notbetriebs

- Haben Sie Restore- und Recovery-Strategien, die mit Ihren Anforderungen zur maximal tolerablen Unterbrechung zusammenpassen? Je kürzer die tolerable Unterbrechungszeit, umso eher müssen Sie auf Ausfallsicherheit achten und Redundanzen aufbauen. Diese müssen regelmäßig getestet werden.
- Gibt es Workarounds, damit auf Informationen auch zugegriffen werden kann, wenn die IT-Systeme gerade nicht verfügbar sein? Dazu können Offline-Kopien von Informationen gehören, andere extern gehostete Systeme für den Notbetrieb oder im einfachsten Fall Papierausdrucke. Gerade, wenn es um Kontaktlisten oder Preislisten geht, sind Papierausdrucke nicht die schlechteste Wahl – wenn Sie sicherstellen können, dass immer aktuelle Kopien vorgehalten werden.
- Haben Sie alternative Möglichkeiten, Informationen während eines IT-Ausfalls zu erfassen? Stehen Ihnen z. B. externe Lösungen für die Datenerfassung zur Verfügung? Auch in diesem Fall können Papierformulare eine Hilfe sein. Bedenken Sie aber, dass die erfassten Informationen nachträglich in Ihre IT-Systeme überführt werden müssen.
- Denken Sie für die Informationsübertragung im Notfall auch an alternative Kommunikationswege. Telefon, auch das gute alte Faxgerät, aber auch Datenverbindungen über Funk sind Möglichkeiten, um Daten zu übertragen.

Zurück zum Normalbetrieb

- Sorgen Sie dafür, dass Informationen nach dem Notbetrieb in den eigentlichen Systemen nach erfasst werden können, um wieder einen konsistenten Datenbestand zu haben.
- Stellen Sie sicher, dass die Informationssicherheit wieder voll hergestellt ist, was Schutz vor Veränderung, unbefugtem Zugang oder Verlusten von Informationen angeht.
- Was haben Sie aus dem Notfall gelernt und welche Informationen sind im Fall einer weiteren Unterbrechung in der Zukunft notwendig?

6.4.3 Gebäude und Arbeitsplätze

Prävention

- Führen Sie eine Gefährdungsbeurteilung Ihrer Gebäude und Arbeitsplätze durch. Welche Gefahren könnten für eine Betriebsunterbrechung verantwortlich sein und wie können Sie sich dagegen schützen?
- Sorgen Sie für Ausweichmöglichkeiten in einem Unterbrechungsfall. Das könnten Arbeitsplätze an einem anderen Ihrer Standorte sein oder Arbeitsplätze, die Sie durch eine vertragliche Vereinbarung bei Kunden, Lieferanten oder Partnern nutzen können. Wie viele Arbeitsplätze brauchen Sie in welcher zeitlichen Staffelung (z. B. fünf Arbeitsplätze innerhalb 24 h, zehn Arbeitsplätze innerhalb 1 Woche).
- Sorgen Sie immer für alternative Räumlichkeiten, in denen sich ein Krisenstab treffen kann. Hier sollten möglichst insgesamt drei Alternativen zur Verfügung stehen, die im Vorfeld bei allen Krisenstabsmitgliedern bekannt sind und entsprechend genutzt werden können. Primärer Krisenstabsraum, wenn nicht verfügbar alternativer Krisenstabsraum. Wenn auch dieser nicht verfügbar ist, dann eine dritte Alternative.
- Sorgen Sie dafür, dass alternative Arbeitsplätze und Ausweichgebäude über die notwendige Ausstattung verfügen, was z. B. Stromanschlüsse (z. B. Starkstrom) angeht, Druckluftversorgung, Werkzeuge usw. Sind Verbrauchsgegenstände dabei, die regelmäßig ausgetauscht werden müssen, Geräte die geladen und Instand gehalten werden müssen, Laptops, die eine Datensynchronisierung benötigen?

Erreichen des stabilen Notbetriebs

- Sorgen Sie dafür, dass rechtzeitig alle Mitarbeiter informiert werden, welche Arbeitsplätze angesteuert werden sollen. Sollen Mitarbeiter zunächst zu Hause bleiben, an den primären Standort kommen oder an einen Ausweicharbeitsplatz? Welche Ausstattung müssen Mitarbeiter bei sich haben? Es kann z. B. relevant sein, dass alle

Mitarbeiter ihre Laptops immer mit nach Hause nehmen, um flexibel reagieren zu können.
- Welche Räumlichkeiten soll der Krisenstab einnehmen (primär, Ausweichstandort, Alternativstandort)?
- Wenn Material und Werkzeug an einen alternativen Standort transportiert werden sollen, sorgen Sie für ausreichende und geeignete Transportmittel. Häufig lässt sich schon das nötigste Material an den Ausweichstandorten hinterlegen, sodass alles Nötige dort vorhanden ist. Bereiten Sie Checklisten vor für diese Fälle.
- Sollten Sie für Transporte auf Mietfahrzeuge, Transportunternehmen oder Taxen angewiesen sein, klären Sie im Vorfeld den Bestell- und Bezahlvorgang. Nicht alle Unternehmen fahren auf Rechnung, manche wollen Barzahlung.
- Bedenken Sie bei Ihren Planungen, wie lange es dauert, an den Ausweichstandort zu kommen. Bitte nehmen Sie dabei den ungünstigsten Fall an (Schneefall, Glätte, Stau zur Rush-Hour).
- Testen Sie Material an den Ausweichstandorten regelmäßig und sorgen Sie ggf. für einen Austausch von Material, bevor es unbenutzbar wird. Tauschen Sie auch Checklisten regelmäßig aus und prüfen Sie auf Aktualität.

Zurück zum Normalbetrieb

- Rüsten Sie Verbrauchsmaterial wieder auf und laden Sie Akkus auf (z. B. von Mobiltelefonen, Funkgeräten oder ähnlichem).
- Lernen Sie: Was hat funktioniert, was muss beim nächsten Mal besser laufen?

6.4.4 Betriebsausstattung

Prävention

- Wie kann die Betriebsausstattung gegen Unterbrechungsgefahren geschützt werden? Zum Beispiel durch Blitzschutz, Unterbringen in (Hochwasser-) sicheren Bereichen, Brandfrüherkennung,

automatische Löschsysteme und Überwachung der Betriebsausstattung gegen gefährliche Betriebsbedingungen.
- Ist für den Fall, dass Betriebsausstattung zerstört wurde, eine schnelle Nachbeschaffung geregelt? Dazu sollten Sie verlässliche Händler/Lieferanten ausmachen (wenn möglich, immer mehrere) und Ihre genauen Spezifikationen bereit haben. Auch Konfigurationen und Einstellungsparameter müssen gesichert und im Notfall zugriffsbereit sein.
- Ist es möglich, für schwer wieder zu beschaffende Betriebsausstattung Reserven und Ersatzteillager anzulegen, möglichst an einem anderen Standort?
- Erkennt Ihr Personal frühzeitig Fehler, ist in der Bedienung und Fehlerbehebung, aber auch im Wiederanlauf geschult?

Erreichen des stabilen Notbetriebs

- Steht ausreichend Betriebsausstattung zur Verfügung, damit Sie im Notbetrieb die nötige Leistungsfähigkeit erreichen können?
- Ist klar geregelt, wie Betriebsausstattung nach einer Unterbrechung wieder in Betrieb genommen und konfiguriert wird? Ist Ihr Personal darin nicht nur geschult, sondern geübt?
- Ist es im Notbetrieb möglich, Betriebsausstattung auch unter schwierigen Bedingungen zu betreiben? Denken Sie hierbei an Spannungs- und Stromfrequenzschwankungen, Feuchtigkeit, Staubbelastung oder ähnliche Faktoren.
- Braucht es für die Betriebsausstattung im Notbetrieb bestimmte Betriebsstoffe oder Ersatzteile? Sind diese ausreichend vorhanden, um eine gewisse Zeit von einigen Wochen zu überbrücken?

Zurück zum Normalbetrieb

- Wie kann zerstörte oder beschädigte Betriebsausstattung wiederbeschafft oder repariert werden? Welche Dienstleister und Partner benötigen Sie dafür und wie sind diese erreichbar?

- Wie ist der Übergang von einer temporären Betriebsstätte zurück an den permanenten Betriebssitz möglich? Sind dazu Logistik und Mehrarbeit/Schichten nötig?
- Wie kann eine neue dauerhafte Betriebsausstattung robuster gegen Ausfallereignisse ausgeführt werden?

6.4.5 Rohstoffe und Betriebsstoffe

Prävention

- Sind Sie in der Lage, auf einfach verfügbare Roh- und Betriebsstoffe zu setzen? Sind Substitute verfügbar?
- Lagern Sie für einen Zeitraum von einigen Wochen ausreichend Rohstoffe und Betriebsstoffe ein, damit Sie den Notbetrieb aufrechterhalten können.
- Sichern Sie Ihre Betriebsstoff- und Rohstofflager gegen Beschädigung, Manipulation und Verfall. Sorgen Sie z. B. dafür, dass das Lager regelmäßig umgeschlagen wird. Achten Sie z. B. dafür, dass Behälter dicht und geeignet sind und nicht verwechselt werden können. Kennzeichnen Sie „eiserne Reserven" sehr deutlich!
- Achten Sie auch darauf, dass Fahrzeuge immer ausreichend betankt sind und Akkus geladen werden.

Erreichen des stabilen Notbetriebs

- Berücksichtigen Sie in Ihren Notfall- und Business-Continuity-Plänen die ausreichende Versorgung mit Rohstoffen und Betriebsmitteln.
- Sorgen Sie, wenn möglich, für ausreichend Nachschub. Wann muss wo ein Nachschub bestellt und beauftragt werden? Dies sollte klar in Ihren Plänen verankert sein. Verlassen Sie sich bei großflächigen Lagen bitte nicht blind auf Lieferzusagen Ihrer Lieferanten. Sie könnten bei größeren Ereignissen in der Prioritätenliste nach unten gerutscht sein. Haben Sie ausreichend Vorrat!

- Beschreiben Sie in Ihren Notfall- und BC-Plänen, wann Substitute eingesetzt werden können oder auch, wie im Notfall Rohstoffe selbst z. B. durch Recycling gewonnen werden können.
- Achten Sie auf angemessene Logistiklösungen für den Transport von Rohstoffen und Betriebsmitteln und auf den Schutz während des Transports.

Zurück zum Normalbetrieb

- Füllen Sie Vorräte wieder auf (so schnell wie möglich).
- Optimieren Sie die Lagerhaltung aus dem, was Sie während des Notbetriebs gelernt haben.

6.4.6 IT-Systeme

Prävention

- Haben Sie eine klare Übersicht, welche IT-Systeme Sie nutzen und wie diese zusammenarbeiten? Denken Sie dabei bitte nicht nur an die Applikationen, die Sie direkt nutzen, sondern auch an die technischen Applikationen zum IT-Betrieb und zur Administration.
- Kennen Sie die Abhängigkeiten und Möglichkeiten, IT-Störungen zu beheben? Bedenken Sie vor allem Möglichkeiten, mit Workarounds zu arbeiten und durch Redundanzen dafür zu sorgen, dass wichtige Systeme schnell wieder genutzt werden können. Wo es für Ihr Business kritisch wird, denken Sie an Hochverfügbarkeitssysteme, die bei einem Fehler automatisch den Betrieb auf eine andere Infrastruktur wechseln.
- Stellen Sie sicher, dass Konfigurationsdateien, Softwareschlüssel und ggf. Abbilder der Systeme für eine Wiederherstellung von Systemen im Unterbrechungsfall vorhanden sind.
- Üben und testen Sie die Verfahren. Eine Aussage wie „das müsste schon funktionieren…" reicht leider nicht aus. Probieren Sie es aus und gehen Sie auf Nummer sicher.

- Überwachen Sie Ihre Systeme engmaschig, um rechtzeitig Anomalien zu erkennen und darauf zu reagieren.
- Üben Sie Wiederherstellungen und lassen Sie die Personen testen, die im Normalfall auch mit den Systemen arbeiten. Achten Sie dabei vor allem darauf, ob diese Personen auf Dateien zurückgreifen wollen, die mit diesem System nicht bereitgestellt wurden. Ein Beispiel: Bei einem Recovery-Test sagte die testende Person, dass „alles wunderbar funktioniert. Nur brauche ich meine Excel-Liste mit den Buchungsnummern. Die ist auf meinem persönlichen Desktop gespeichert..." So etwas gilt es rechtzeitig zu erkennen und zu lösen.

Erreichen des stabilen Notbetriebs

- Dokumentieren Sie, in welchen detaillierten Schritten die Wiederherstellung oder der Wiederanlauf funktioniert. Einzelne Konfigurationsschritte sollten dafür ebenso dokumentiert sein. Achten Sie darauf, dass diese Dokumentation so verfügbar ist, dass auch während einer Unterbrechung darauf zugegriffen werden kann (z. B. auf Laptops lokal gespeichert, in Papierform oder auf einem extern gehosteten Server).
- Sorgen Sie für eine Information der Nutzer der Systeme, wenn Sie an einem Notfall arbeiten. Insbesondere, wenn es darum geht, weitere Schäden zu verhindern, z. B. bei einem Schadsoftware-Fall.
- Sorgen Sie mit Reaktionsplänen für unterschiedliche Szenarien vor. Der Umgang mit einer Ransomware-Attacke ist anders als der Umgang mit einem Konfigurationsfehler in Ihrer virtuellen Umgebung.
- Beziehen Sie, wo immer nötig, externe Hilfe mit ein und haben Sie diese Schritte in Ihren Plänen deutlich verankert. Auch verlässliche Quellen für Informationen zur Wiederherstellung sollten vorher festgelegt und dokumentiert werden.

Zurück zum Normalbetrieb

- Sorgen Sie dafür, dass Daten nacherfasst werden können, um wieder einen integren Datenbestand zu haben.

- Alle Stufen der Wiederherstellung sollten getestet werden, um sicher zu gehen, dass alles funktioniert wie vorgesehen. Dies betrifft auch Datenexporte und Reports.
- Was können Sie aus der Situation lernen und für die Prävention und Reaktion beim nächsten Ausfall lernen?

6.4.7 Logistik und Transport

Prävention

- Betrachten Sie genau Ihre Transportwege, Transportzeiten und Lagerkapazitäten. Welchen Warenumschlag haben Sie und was bedeutet das für einen Notbetrieb?
- Beziehen Sie Lagersysteme und Kommunikationswege zu Ihren Logistikpartnern in Ihre Planung mit ein. Die Kommunikation muss auch im Notfall funktionieren.
- Prüfen Sie, ob und welche Lagerkapazitäten Ihre Lieferanten oder auch Kunden im Notfall bereithalten könnten. Was bedeutet dies für Ihre Lieferfähigkeit?
- Handeln Sie mit verderblichen Waren oder Waren, die besondere Lagerbedingungen erfüllen müssen? Wie können Sie im Rahmen einer Störung damit umgehen? Kann z. B. ein ausgefallenes Kühllager rechtzeitig verlagert werden, natürlich unter Einhaltung der Kühlkette?

Erreichen des stabilen Notbetriebs

- Planen und dokumentieren Sie genau, welche Lagerumschläge im Notbetrieb zu erwarten sind und wie Sie diese erfüllen können. Prüfen Sie auch Transportkapazitäten und Ersatzkapazitäten. Welche Dienstleister könnten Sie im Notfall unterstützen?
- Kennen und planen Sie die optimalen Logistikrouten und prüfen Sie diese auf besondere Risiken. Welche alternativen Routen gibt es und was bedeuten diese z. B. für Lieferzeiten?

- Wie können Sie Lagersysteme im Notfall aufrechterhalten? Wie dokumentierten Sie eingehende und ausgehende Waren? Wie können Sie kommissionieren?
- Sorgen Sie dafür, dass gerade bei größeren Schadenslagen Ihre Lagerbestände ausreichend geschützt werden, z. B. durch Sicherheitspersonal.

Zurück zum Normalbetrieb

- Wie können Sie Lagerbestände wieder auffüllen oder abbauen, die im Notbetrieb entstanden sind?
- Wie kommt Ihre Logistik wieder in den „Tritt" nach einem Notfall?
- Was haben Sie aus der Unterbrechung gelernt für künftige Ausfälle?

6.4.8 Finanzen

Prävention

- Sorgen Sie für ausreichend liquide Reserven für Unterbrechungssituationen. Erschrecken Sie nicht: Im Idealfall soll Ihr Unternehmen sechs Monate durchhalten, ohne einen Cent einzunehmen. Damit haben Sie die Möglichkeit, nicht nur alle Maßnahmen für den Notbetrieb einzuleiten, sondern auch Veränderungen am Geschäftsmodell vorzunehmen. Das Mindeste aber, was Sie an Finanzreserve haben sollten, ist das, womit Sie die maximal tolerable Unterbrechungszeit und den verminderten Notbetrieb überleben können.
- Haben Sie Bargeld und Pre-Paid-Kreditkarten vorrätig. Bargeld ist in einer Notsituation, in der vielleicht Zahlungssysteme von Dienstleistern und Auftragnehmern (Logistikunternehmen etc.) selbst gestört sind, die beste Zahlungsmöglichkeit. Pre-Paid-Kreditkarten können Sie an Mitglieder des Notfallteams aushändigen, wenn Beschaffungen im Notfall nötig sind.
- Sorgen Sie dafür, dass Barreserven und Liquiditätsreserven immer wieder überprüft werden. Reichen diese aus? Wie kommen Sie kurzfristig an die Mittel heran?

- Schließen Sie im Vorfeld Verträge mit Partnern, die Sie im Notfall brauchen werden. Verträge im Vorfeld sind langfristig günstiger als hohe Extrakosten im Notfall. Prüfen Sie, für welche Zwecke Sie mit Versicherungen arbeiten können, die nicht nur den Schäden regulieren, sondern auch Unterstützung im Notfall anbieten.

Erreichen des stabilen Notbetriebs

- Prüfen Sie im Krisenstab und in den Notfallteams laufend den Stand des Budgets. Gibt es Ausgaben, die unvorhergesehen sind und die Liquidität stark beeinflussen?
- Informieren Sie schnell Ihre Schadensregulierer und binden Sie diese engmaschig mit ein.
- Prüfen Sie, ob Sie bei Erpressungsversuchen (Ransomware) wirklich zahlen wollen. Es ist eher unwahrscheinlich, Passwörter für verschlüsselte Daten zu bekommen. Sichern Sie sich durch eine gute Backup-Methode besser im Vorfeld ab. Schalten Sie bei Erpressungsversuchen externe Experten mit ein, die Ihnen bei der Bewertung der Situation helfen, und informieren Sie die Ermittlungsbehörden.
- Prüfen Sie laufend Ihren Liquiditätsbestand im Notfall. Achten Sie auf insolvenzrechtliche Pflichten. Holen Sie sich Rechtsberatung dazu, wenn nötig.

Zurück zum Normalbetrieb

- Füllen Sie Ihre „Notkasse" schnell wieder auf; der nächste Notfall könnte anstehen.
- Werten Sie aus, wie gut Sie durch den Notfall gekommen sind und was dies für Ihre künftige Notkasse bedeutet.
- Dokumentieren Sie alle Schritte und Entscheidungen gut. Sie könnten diese Nachweise gut gebrauchen gegenüber Behörden, Finanzamt, Bank oder anderen Geldgebern.

6.4.9 Lieferketten

Prävention

- Achten Sie darauf, zuverlässige und robuste Dienstleister und Lieferanten zu nutzen. Legen Sie den Fokus auf Fragen der Informations- und IT-Sicherheit und die Vorbereitung Ihres Dienstleisters für Unterbrechungssituationen. Prüfen Sie diese Bereitschaft regelmäßig.
- Beziehen Sie Ihre Dienstleister in Ihre BC-Übungen und Tests mit ein. Können diese so reagieren wie versprochen? Stimmen die Reaktionszeiten?
- Haben Sie im Idealfall immer verschiedene Lieferanten für ein Produkt oder eine Dienstleistung, im Idealfall in unterschiedlichen Regionen. Damit stellen Sie sicher, dass bei einem Ausfall eines Dienstleisters andere Lieferanten einspringen können.
- Prüfen Sie Ihre Lieferkette auf Schwachstellen und den „Single Point of Failure". Gibt es irgendwo in der Lieferkette, trotz mehrerer Lieferanten, den einen gemeinsamen Schwachpunkt, der die ganze Lieferkette zum Zusammenbruch bringen kann? Bei einem unserer Kunden waren dies z. B. die Datenleitungen für das globale Netzwerk, die völlig redundant ausgelegt waren. Bis auf diese eine Brücke, über die beide unabhängigen Leitungen gemeinsam liefen ...

Erreichen des stabilen Notbetriebs

- Beziehen Sie Ihre Dienstleister und Lieferanten wie in den BC-Plänen festgelegt mit in Ihr Notfallmanagement ein. Alarmieren und informieren Sie rechtzeitig.
- Prüfen Sie die Reaktionszeit Ihrer Dienstleister und aktivieren Sie, wo nötig, Ihre redundanten Dienstleister.
- Überwachen Sie die akute Situation: Beeinträchtigt diese auch Ihre Lieferanten und Dienstleister? Denken Sie daran: Ihre Lieferketten sind in der Regel international, manchmal global.
- Monitoren Sie Ihren Lagerbestand und überprüfen Sie ihn regelmäßig auf Engpässe. Passen Sie Ihre Taktik an diese Ergebnisse an.

Zurück zum Normalbetrieb

- Füllen Sie Lagerbestände auf und seien Sie immer bereit für den nächsten Notfall.
- Werten Sie aus, was Sie gelernt haben. Hat alles wie geplant funktioniert? Das tut es selten, wenn Sie ehrlich sind. Deshalb passen Sie Ihre Planungen an.
- Sprechen Sie mit Ihren Lieferanten und Dienstleistern über deren Erfahrungen im Notfall. Was können Sie gemeinsam lernen, um die Lieferkette widerstandsfähiger zu gestalten?

6.5 Kurze Zusammenfassung

Nun haben wir einige wichtige Optionen kennen gelernt, um Störungen zu behandeln und möglichst Unterbrechungen gar nicht erst entstehen zu lassen, einen Notbetrieb durchzuführen und zurück zum Normalbetrieb zu kommen.

Ihnen ist sicherlich aufgefallen, dass sich die Business-Continuity-Strategien und -Lösungen immer auf die Ressourcen, also die operative Ebene der Business-Impact-Analyse beziehen.

Und genau darum geht es. In der Business-Impact-Analyse verstehen wir die Zusammenhänge vom Produkt über die Aktivitäten oder Prozesse hin zu den Ressourcen, die in den Aktivitäten handeln und eingesetzt werden. Diese Ressourcen gilt es nun zu schützen, wiederherzustellen oder wiederzubeschaffen.

Wie gehen Sie nun mit den ausgewählten Optionen um?
Die Optionen zur Prävention von Unterbrechungen und zur Härtung der Organisation setzen Sie so um, wie es die finanziellen und zeitlichen Ressourcen zulassen. Prüfen Sie, ob die Maßnahmen wirken, und bewerten Sie in einer erneuten Business-Impact-Analyse und einem Risk Assessment, wie Sie die Situation nun einschätzen.

Die Optionen für den Notbetrieb und die Rückkehr zum Normalbetrieb hingegen gehen nun in einen sogenannten Business-Continuity-Plan über. Darum geht es im nun folgenden Kapitel.

Ihr Transfer in die Praxis

- Optionen zur Risikobehandlung nach dem TARRA®-Modell nutzen Sie insbesondere, um die Wahrscheinlichkeit zu reduzieren, dass Ihr Unternehmen von einem Bedrohungsszenario getroffen wird. Wählen Sie dazu den für Sie stimmigen Mix aus Transfer, Vermeidung, Reduzierung und Akzeptanz von Restrisiken.
- Während einer Störung ist es wichtig, Prioritäten zu setzen. Dies drückt sich dadurch aus, dass nicht alle Aktivitäten in Ihrem Unternehmen gleichermaßen stabilisiert werden können, z. B. durch teure Netzersatzanlagen. Manchmal ist es besser oder nötig, eine Aktivität nach einer Unterbrechung wieder neu anlaufen zu lassen oder im schwierigsten Fall wieder neu zu errichten.
- Ihr Business-Continuity-Management-System lebt davon, dass Sie Störungen, Notfälle und Krisen steuern können. Unterscheiden Sie in Ihrem Unternehmen deutlich zwischen Störung, Notfall und Krise und planen Sie, welche Zuständigkeiten dafür notwendig sind.
- Nutzen Sie dieses Kapitel als Ideengeber, um einzelne Ressourcen in Ihren Aktivitäten absichern zu können.

7

Business-Continuity-Response

> **Was Sie aus diesem Kapitel mitnehmen**
>
> - Wie Sie Prävention in Ihrem Unternehmen verankern, um auf einen Unterbrechungsfall vorbereitet zu sein
> - Wie Sie die Methoden und Vorgaben für eine Reaktion im Unterbrechungsfall aufrufen können
> - Welche Schritte Sie verankern, um aus einem Notbetrieb wieder geordnet in einen Normalbetrieb zu kommen

Nun kommen wir dazu, die einzelnen Bausteine zusammen zu bringen und im Unternehmen zu verankern.

Auch in diesem Kapitel werden wir der Struktur folgen:

- Prävention bzw. Vorbereitung auf einen Unterbrechungsfall
- Reaktion im Unterbrechungsfall
- Zurück zum Normalbetrieb

Schwerpunkte sind sowohl die organisatorischen Themen wie Rollen, Gremien und Stäbe als auch die notwendigen Planungen für Unterbrechungsfälle. Wenn Sie über Ihre eigene Situation in Ihrem

Unternehmen nachdenken, beachten Sie bitte immer die Optionen aus Kap. 6 als Vorschläge, als Grundlage, auf der Sie selbst weiterdenken und kreativ werden dürfen und sollten.

7.1 Vorbereitung auf einen Unterbrechungsfall

Spätestens seit der Corona-Pandemie kann vermutlich kein Unternehmen behaupten, noch nie den Bedarf für ein Business-Continuity-Management gesehen zu haben. Wir wissen, dass wir uns nicht für alle möglichen Szenarien vorbereiten können. Aber: Wir können Strukturen einführen, die uns helfen, mit außergewöhnlichen Lagen umzugehen.

Was sollten Sie konkret tun?

- Machen Sie die Verantwortlichkeiten für die Behandlung von Störungen und Notfällen klar. Verankern Sie dies klar und deutlich in Aufgabenbeschreibungen.
- Wie bekommen Sie Störungen mit? Führen Sie Methoden ein, Störungen zu erkennen. Sorgen Sie dafür, dass Warnungen und Störmeldungen so schnell wie nötig erkannt werden und darauf reagiert wird. Legen Sie diese Reaktion auf Meldungen schriftlich fest, damit alle im Unternehmen Bescheid wissen.
- Für gewisse Störungen, die immer wieder auftauchen und einige, vielleicht komplexe, Ablaufschritte haben, legen Sie fest, wie die Störung zu behandeln ist. Meist reichen Checklisten dafür aus.
- Legen Sie klar fest, wann eine Störung eskaliert werden muss zu einem Notfall (externe Hilfe nötig), oder wann ein Manager vom Dienst informiert werden muss. Definieren Sie dafür eindeutige Kriterien (z. B. Ablauf einer gewissen Zeit seit Störungsbeginn, besonderes Störungsmuster erkannt oder es bestehen Probleme bei der Störungsbehebung). Dokumentieren Sie dies in der Checkliste zur Störungsbehebung.
- Erfassen Sie alle Störungen, im Idealfall über ein Ticketsystem oder per E-Mail. Damit haben Sie einen Überblick über die Störungen und können Auswertungen durchführen. Sie sollten darauf achten, Störungsursachen herauszufinden und auch Ihre Störungschecklisten

regelmäßig zu prüfen und anzupassen. Fragen Sie sich: Hätte die Störung vermieden werden können? Wie können wir künftig besser mit der Störung umgehen!
- Schulen Sie! Störungen müssen erkannt und behandelt werden. Eine Haltung wie „da kümmert sich bestimmt jemand darum" hilft nicht weiter.

Wenn eine Störung nicht behoben werden kann, sollten Sie Folgendes tun:

- Legen Sie fest, wie Sie in Ihrem Unternehmen einen Notfall und eine Krise definieren, damit die mit der Störungsbehebung beschäftigten Mitarbeiter erkennen, wann und an wen eine Information gehen soll. Soll direkt z. B. ein externer Partner verständigt werden, um in die Störungsbehebung einzugreifen? Wird ein Manager vom Dienst verständigt, um dann weitere Entscheidungen zu treffen?
- Etablieren Sie einen Manager vom Dienst. Dies ist eine Person, die erreichbar ist für die Mitarbeitenden in der Störungsbehebung. Dieser Manager vom Dienst erhält alle relevanten Informationen und kann dann entscheiden, ob weitere Maßnahmen nötig sind. Diese Person entscheidet auch, ob ein Business-Continuity-Plan aufgerufen wird oder das Unternehmen in das Krisenmanagement wechselt. Bedenken Sie: Mit dem Business-Continuity-Fall oder dem Krisenfall wechselt das Unternehmen in eine besondere Aufbau- und Ablauforganisation, um sich vollkommen auf die Situationsbehandlung zu konzentrieren. Dies soll immer geschehen, wenn schwere Schäden abgewendet werden sollen.
- Natürlich sollten Sie sehr klar machen, dass z. B. bei einem Feuer sofort die Feuerwehr verständigt wird, dann erst der Manager vom Dienst. Eine Brandschutzordnung stellt auch eine Form einer Checkliste für den Notfall dar. Ziehen Sie sich ein Beispiel für die Klarheit und Einfachheit solcher Checklisten und Beschreibungen heran: Wenig Text, gut und klar zu lesen und zu verstehen und mit Symbolen und Bildern arbeiten, wo nötig! Hätte es diese klaren Regeln im Januar 1962 beim Brand des Ringkaufhauses in Nürnberg gegeben, wären viele Menschenleben vielleicht gerettet worden...

- Im Unternehmen muss klar sein, wie ein Manager vom Dienst erreicht wird und wie diese Rolle besetzt werden soll. Sorgen Sie dafür, dass die Rolle durchwechselt. Im Idealfall gibt es eine zentrale Rufnummer, ggf. mit einer Rufkette im Hintergrund, falls die eigentlich diensthabende Person nicht erreicht werden kann.
- Stellen Sie klar, wann und ob Notfallmanagement-Teams gebildet werden. Wichtig: Wir reden hier nicht vom Krisenstab. Ein Notfallmanagement-Team sorgt dafür, dass die Maßnahmen zur Behandlung eines Notfalls koordiniert werden. Legen Sie fest, welche Funktionen (nicht Personen!) dort vertreten sein sollen, wo und wie sich das Notfallteam koordiniert und abspricht und wann und wie Informationen an den Manager vom Dienst gehen sollen.
- Stellen Sie sicher, dass klar ist, welche Funktionen im Krisenstab des Unternehmens vertreten sein sollen und welche Personen für welche Funktionen infrage kommen. Es soll festgelegt werden, wie der Krisenstab zusammentritt und arbeitet. Auch dafür sind Checklisten anzuraten. Legen Sie fest, wie das Unternehmen informiert wird, dass der Krisenstab aktiviert wurde.
- Schulen und trainieren Sie sowohl das Störungsmanagement, die Notfallmanagement-Teams als auch den Krisenstab. Üben Sie regelmäßig und verbessern Sie die Abläufe.
- Legen Sie fest, wo sich ein Notfallmanagement-Team trifft und wo sich der Krisenstab trifft. Dazu gehört auch, im Idealfall zwei Ausweichlokationen für den Krisenstab festzulegen. Deponieren Sie an diesen Standorten nötiges Material (Flipchart, Formblätter, Checklisten, Stifte, etc.). Nutzen Sie elektronische Hilfsmittel, sorgen Sie dafür, dass Sie regelmäßig damit üben, die Accounts prüfen, ob diese zugänglich sind und Updates durchgeführt werden. Sorgen Sie dafür, dass Daten aktuell sind!
- Nochmals wichtig: Es gibt nur einen Krisenstab im Unternehmen, aber es kann mehrere Notfallteams geben. Wenn Sie ein größeres Unternehmen mit mehreren Standorten betrachten, kann ein Krisenstab an einem Standort bei einem größeren Schadensereignis vom zentralen Krisenstab abgelöst werden. Der Krisenstab des Standortes wird dann zu einem Notfallmanagement-Stab und arbeitet dem einen Krisenstab zu. Es gilt: Es kann nur einen geben!

- Legen Sie im Vorfeld fest, wie Sie in einem Notfall oder in einer Krise kommunizieren wollen, intern wie extern. Dafür sollten Sie Vorlagen entwerfen für interne und externe Meldungen inkl. Pressemitteilungen. Im Ernstfall sollten Sie nur noch eintragen, was passiert ist, und die Meldung dann herausgeben können.

Wichtig ist nochmals zu erwähnen, dass Sie niemals in eine Krise und/oder einen Business-Continuity-Fall „hinein schlittern" – es geht immer darum, eine bewusste Entscheidung als Unternehmen zu treffen, den Krisenfall zu erklären oder einen Business-Continuity-Plan aufzurufen. Alle hier genannten Maßnahmen sollen das möglichst verhindern, wenn es aber nötig ist, sollten Sie beherzt und mutig die Entscheidung treffen!

7.2 Reaktion im Unterbrechungsfall

In diesem Kapitel wollen wir genauer betrachten, was in einem Business-Continuity-Fall zu tun ist. Die Punkte, die hier erwähnt werden, sind eine Art Checkliste für den Aufbau eines oder mehrerer Business-Continuity-Pläne in Ihrem Unternehmen.

Starten wir genau mit dieser Frage: Braucht Ihr Unternehmen einen oder mehrere Business-Continuity-Pläne? Und wie fangen Sie damit am besten an?

In der Praxis gibt es einige Unternehmen, die nur einen Business-Continuity-Plan in der Tasche haben. Dieser kann immer nur ein Grundgerüst sein, um das Kontinuitätsmanagement zu strukturieren, – mehr nicht.

Aus der Business-Impact-Analyse wissen wir, dass wir – als Empfehlung in diesem Buch – in drei Ebenen vorgehen: Produkte und Dienstleistungen (strategischer Teil), Aktivitäten/Prozesse (taktischer Teil) und Ressourcen (operativer Teil). Um die Produkte und Dienstleistungen an unsere Kunden zu bringen und damit das Überleben und die Reputation des Unternehmens zu schützen, müssen die Aktivitäten und Prozesse funktionieren. Diese brauchen Ressourcen in ausreichender Menge und Qualität, auch im Notbetrieb.

Das Ziel eines Business-Continuity-Plans ist es also, dafür zu sorgen, dass die nötigen Ressourcen bereitstehen, die die kritischen Aktivitäten benötigen. Daraus ergeben sich nun drei Ansätze für Business-Continuity-Pläne.

7.2.1 Welche Arten von Business-Continuity-Plänen gibt es?

Den Aktivitäten-/Prozess-basierten Plan und den Ressourcen-basierten Plan. Daneben gibt es Szenario-basierte Pläne, die sich auf einzelne Gefährdungsszenarien beziehen.

Ein Aktivitäten-bezogener Plan soll dafür Sorge tragen, dass eine Aktivität wie notwendig wieder hergestellt wird. Das wäre zum Beispiel ein Business-Continuity-Plan für die Fertigung in Ihrem Unternehmen. Dieser Plan muss nun also alle Aufgaben umfassen, um die Ressourcen wieder herzustellen, die für die Fertigung nötig sind. Dieser Plan deckt also über die Ressourcengruppen (Personal, Information, Maschinen, etc.) alles ab, was ein funktionierender Produktionsprozess im Notbetrieb braucht. In vielen Unternehmen sind solche Pläne auf Abteilungsebene festgelegt, damit die betroffene Abteilung damit arbeiten kann.

Ein Ressourcen-bezogener Plan dagegen schaut auf die Ressourcen selbst und steuert alle Maßnahmen, um die Ressourcen für die unterschiedlichen Aktivitäten in ausreichender Qualität und Quantität vorzuhalten. Ein Beispiel: Ein Unternehmen plant, wie viele Notfallarbeitsplätze es mit welcher Ausstattung braucht, und wie viele dieser Notfallplätze an welchem Standort zur Verfügung gestellt werden können, wenn ein Standort ausfällt. Auch Personalplanungen für den Notbetrieb fallen in diese Kategorie.

Der Szenario-basierte Plan dagegen geht ganz auf den Umgang mit einer Gefahr ein und behandelt alles, was das Unternehmen tun muss, um den Notbetrieb sicher zu stellen. Denken wir z. B. an einen Epidemie-/Pandemie-Plan im Unternehmen oder einen Plan für Hochwasserlagen.

Alle drei Formen haben ihren Sinn und können angewendet werden. Es gilt einzig die Frage: Welche Form von Plan hilft Ihnen in Ihrem Unternehmen weiter? In vielen Unternehmen gibt es alle drei Formen an Plänen. Wichtig dabei ist nur: Die Pläne müssen ineinandergreifen, dürfen nicht widersprüchlich sein und müssen so einfach wie möglich zu nutzen sein!

Ein Vorschlag für ein mittelständisches Unternehmen könnte sein:

1. Krisenmanagement-Plan: Dieser regelt, wie ein Krisenstab alarmiert wird, welche Befugnisse er hat und wie die Mitglieder zusammenarbeiten
2. Plan für das Zurück zum Normalbetrieb nach einem Notbetrieb: Hier wird (grob) der Ablauf dargestellt, um zur vollen Leistungsfähigkeit zurückzukehren, einen normalen Betriebsmodus zu erreichen und dann notwendige Nacharbeiten und Ursachenanalysen durchzuführen
3. Business-Continuity-Pläne für folgende Szenarien:
    a. Ausfall Strom
    b. Ausfall Internetverbindung
    c. Ausfall Gebäude
    d. Personalausfall (inkl. Pandemie/Epidemie)
4. Darüber hinaus je nach Bedarf Pläne für Aktivitäten auf bestimmten Ebenen und/oder für Ressourcen:
    a. Z. B. Plan zur Wiederherstellung von IT-Systemen
    b. Plan zum Wiederanlauf der Produktion.

7.2.2 Was gehört in alle diese Pläne und Checklisten hinein?

Alle Pläne sollten immer folgende Informationen enthalten:

- Wer ist zuständig für die Pflege und Anpassung des Plans?
- Welche Abteilung, welcher Prozess, welche Niederlassung, welche Personengruppe ist durch den Plan/die Checkliste betroffen?

- Wer wird den Plan wann und unter welchen Umständen anwenden? Diese Information ist nötig, um in dem Fall, in dem keine Kommunikation möglich ist, selbstständig den Plan zu aktivieren, wenn die Kriterien erfüllt sind.
- Was ist das Ziel des Plans, also: Was soll erreicht werden? Beim US-Militär nennt man das „Commander Intent" – dabei geht es darum, dass jedem klar ist, worauf hingearbeitet werden soll, was das Ziel des Plans ist, auch wenn keine Zeit bleibt, um den Rest des Plans zu studieren.
- Konkrete Ziele des Plans – welche Wiederherstellungszeiten z. B. eingehalten und welche Ressourcen zur Verfügung stehen müssen.
- Konkrete Ressourcenanforderungen, um den Plan auszuführen, und wo Sie diese Ressourcen finden. Im Idealfall auch, wo Sie die Ressourcen alternativ beschaffen können. Z. B., wenn ein Transporter erforderlich ist, wo Sie einen mieten können, falls eigene Transportmittel nicht verfügbar sind.
- Aufgaben nach Prioritäten. Ganz oben steht immer, weitere Schäden zu verhindern und Menschen in Sicherheit zu wissen! Sorgen Sie dafür, dass der Schutz von Personen möglichst immer gegeben ist. Geben Sie Schutzausrüstung vor und definieren Sie, welche Aufgaben unter welchen Umständen nicht durchgeführt werden dürfen (z. B. Wasser abpumpen, solange die Stromversorgung nicht frei geschaltet ist).
- Definieren Sie, wie lange eine Aufgabe dauern darf (unter ungünstigen Bedingungen). Dies hilft einzuschätzen, ob Sie in zeitliche Probleme kommen.
- Wer ist zu informieren über den Fortschritt der Maßnahmen, wie oft, und wie ist diese Person zu erreichen?
- Fügen Sie Checklisten an und halten Sie bitte Ihren Plan immer möglichst klar, gut lesbar und konkret. Verzichten Sie auf Prosatext (den mögen nur Prüfer und Auditoren). Im Ernstfall muss der Plan auch im Taschenlampenlicht gut lesbar sein (falls Sie mit Papier arbeiten). Führen Sie Ihre Checklisten so aus, dass dort gleich Notizen gemacht werden können.
- Arbeiten Sie mit Bildern, Symbolen, Grafiken statt mit langen Beschreibungen.

- Bringen Sie Telefonverzeichnisse und Adresslisten in Anhänge. Diese lassen sich leichter pflegen und Sie können die Telefonliste einer Person in Ihrem Team zum Abtelefonieren geben.
- Auch Materiallisten und einzelne detaillierte Ablaufpläne gehören in Anhänge. Damit können Sie Aufgaben direkt aus dem Plan heraus delegieren. Wenn Sie den Plan in Papierform führen, sollten Sie sich vorstellen, dass Sie einen kompletten Aufgabenbereich mit den dazugehörigen Informationen herausnehmen und einer Person in die Hand drücken können.
- Legen Sie fest, was geschehen soll, wenn etwas in der Abarbeitung der Aufgaben schief geht – bedenken Sie: die Sicherheit von Menschen, aber auch von Tieren und der Umwelt hat Priorität!
- Bauen Sie klare Prüfpunkte ein, um festzustellen, ob alles funktioniert, bevor Sie den Notbetrieb starten. Es gilt, einen stabilen und möglichst vorhersagbaren Zustand im Chaos eines Notfalls zu erreichen.
- Bauen Sie einen Checkpunkt ein, der Sie daran erinnert, sich immer Rückmeldung geben zu lassen, ob Aufgaben verstanden wurden!
- Der Plan enthält auch alle Aufgaben und Ressourcen, die externe Partner für Sie erbringen und bereitstellen. Ebenso Zuarbeiten von anderen Abteilungen oder Teams.
- Wenn mehrere Pläne ineinandergreifen und parallel bearbeitet werden (z. B. der Krisenmanagementplan parallel zu einem Business-Continuity-Plan), fügen Sie klare Marker ein, wenn Abstimmungen und ein Informationsaustausch erforderlich sind.

Apropos Krisenmanagementplan. Dieser hat weniger die Aufgabe, detaillierte Schritte zu beschreiben, sondern soll den Mitgliedern des Krisenstabes ein klares Verständnis ihrer Rolle, der Zuständigkeiten und der generellen Abläufe im Krisenstab geben. Diese Punkte gehören darum hinein:

- Wie oft wird ein Lagebericht gegeben?
- Was soll der Lagebericht einer jeden Rolle enthalten?
- Welche Aspekte sind in der Krisenstabsarbeit zu bedenken?

- Und: Wie sichern Sie Beweismittel, die sie später brauchen (z. B. gegenüber Versicherungen oder Ermittlungsbehörden), um Ihre Maßnahmen und Entscheidungen, aber auch die möglichen Ursachen, im Idealfall gerichtsverwertbar nachzuweisen? Wie häufig im Leben geht es dann um die Frage der Haftbarkeit. Seien Sie also im Krisenstab, aber auch für Ihr Störungs- und Notfallmanagement rechenschaftsfähig!

Es hat sich bewährt, für jede Rolle im Krisenstab eine Checkliste vorzubereiten und einen Ablaufplan für Krisenstabsbesprechungen festzulegen. Auch Kommunikationspläne sollten vorhanden sein.

7.2.3 Zurück zum Normalbetrieb

Nun wird es etwas komplizierter. Schauen wir in die ISO 22301 zum Thema „Recovery", was unserem Ansinnen entspricht, wieder in den Normalbetrieb zu kommen, so fordert die Norm dazu dokumentierte Prozesse. Dabei geht es nicht um Details, welcher Schritt nun wie im Einzelnen auszuführen ist; vielmehr geht es um die Abfolge von Aufgaben, um Kommunikation und Koordination. Ähnlich, wie wir es aus dem Krisenstab kennen. Es macht meist keinen Sinn, für bestimmte einzelne Szenarien vorzuplanen, sondern es ist besser, einen Fahrplan zu besitzen, um die Rumpfthemen systematisch bearbeiten zu können.

Zurück zum Normalbetrieb kann viele Ausprägungen haben, was sehr unterschiedliche Aufgaben nach sich ziehen kann. Häufig sind dafür sogar ausgeprägte und komplexe Projekte erforderlich.

Beispiele sind:

- Neuinstallation einer Produktionsstraße nach einem Hochwasserschaden,
- Neubau von Gebäuden nach einem verheerenden Feuer,
- Umzug an einen anderen Standort, in neue Räume oder Gebäude nach einer Störung,
- Lieferketten neu zu konfigurieren mit anderen Lieferanten, neuen Lagerkapazitäten und

- zusätzliches Personal und Material für Nacharbeiten und Überproduktion, um Lager wieder aufzufüllen.

Daneben sind aber auch Aufgaben zu erledigen, wie:

- Regulierung von Schäden mit Versicherungen,
- Beantragen staatlicher Hilfen,
- Schadensregulierung mit Dienstleistern und Lieferanten (und nicht zu vergessen: mit Kunden),
- Maßnahmen, um das Kundenvertrauen zu stärken oder neu zu gewinnen und
- Nacherfassen von Informationen, die während des Notbetriebs nicht oder noch nicht an richtiger Stelle erfasst werden konnten.

Vor allem aber sollten wir nicht übersehen, dass für ein Zurück zum Normalbetrieb unbedingt analysiert werden sollte, wie es zu der Unterbrechung und Störung des Betriebs überhaupt gekommen ist und wie sofort Maßnahmen ergriffen werden können, um eine solche Störung nach Möglichkeit in Zukunft zu verhindern. Dazu kann es notwendig sein, vor dem Zurück zum Normalbetrieb schon Maßnahmen einzuführen, also sofort neue Sicherheitsmechanismen zu integrieren, und diese vor allem zu testen. Auch Audits von organisatorischen Abläufen und Lieferketten können erforderlich sein, damit Sie Nachweise über die Wirksamkeit der Maßnahmen haben. Auch diese können ggf. ein wichtiger Baustein sein, wenn es um die Frage von Versicherungsleistungen und Haftbarkeit geht.

Fragen Sie sich an dieser Stelle bitte auch, was Sie künftig in Ihrem Störungs-, Notfall- und Krisenmanagement sowie für Ihr Zurück zum Normalbetrieb anders und besser machen wollen.

Prüfen Sie genau, am besten auf der Basis von Checklisten und Testszenarien, ob Sie bereit sind, in den Normalbetrieb zu gehen. Testen Sie dies lieber einmal zu viel als einmal zu wenig. Wenn Sie in den Normalbetrieb zurückkehren, ist es ebenfalls erforderlich, klar zu erklären, dass der Notbetrieb nun beendet ist und der Normalbetrieb beginnt. So wie Sie einen Notbetrieb ausrufen, kommunizieren Sie auch klar, dass es nun in den Regelbetrieb zurückgeht.

Übrigens gilt dies auch für den Krisenstab: So, wie ein Krisenfall immer klar erklärt wird, wird auch das Ende der Krise offiziell erklärt. Damit ist klar, wann die Organisation wieder in ihre regulären Zuständigkeiten zurückkehrt.

Ihr Transfer in die Praxis

- Legen Sie Verfahren und Wege fest, wie Ihr Unternehmen systematisch und regelmäßig seine Prävention verbessern kann.
- Erstellen Sie nicht nur Business-Continuity Pläne, sondern sorgen Sie dafür, dass die Pläne gut in das Unternehmen und seine Abläufe eingebettet sind.
- Planen Sie, wie Sie aus einem Notbetrieb wieder in den Normalbetrieb wechseln und welche Nacharbeiten notwendig sind.

8
Üben und testen!

> **Was Sie aus diesem Kapitel mitnehmen**
>
> - Wie Sie durch Tests und Übungen Ihre Vorbereitung auf Störungen auf den Prüfstand stellen und was der Unterschied zwischen Tests und Übungen ist
> - Wie Sie Tests und Übungen planen und durchführen können
> - Warum sich ein Übungsprogramm lohnt
> - Welche Besonderheiten bei Desaster Recovery Tests beachtet werden sollten

Das Thema, das vermutlich am meisten vernachlässigt wird, ist das Üben und Testen der ganzen Business-Continuity-Maßnahmen. Aber: Woher sollen die Erkenntnisse kommen, ob all die Annahmen aus der Business-Impact-Analyse richtig sind, die ausgewählten Optionen funktionieren und die Pläne tatsächlich Ihr Unternehmen in die Lage versetzen, mit einer Störung und Unterbrechung umzugehen?

Entweder wir lernen es auf die harte Tour, nämlich wenn die Situation eintritt, oder wohl dosiert und geplant durch Tests und Übungen. Tests und Übungen sind hier nicht als Synonyme zu verstehen. Sie repräsentieren tatsächlich zwei unterschiedliche Herangehensweisen.

Ein Test hat ein Ergebnis, das als „bestanden" oder „nicht bestanden" bezeichnet werden kann. Wenn Sie Ihr Notstromaggregat anlaufen lassen und sehen, ob es startet und ob es die nötige Leistung abgibt, dann sprechen wir von einem Test. Das Notstromaggregat funktioniert – oder eben nicht.

Eine Übung ist komplexer. Ihr Ergebnis kann nicht so einfach als „bestanden" oder „nicht bestanden" beurteilt werden. In einer Übung werden Abläufe ausprobiert und das Zusammenspiel unterschiedlicher Aktionen und Akteure – mit einem offenen Ergebnis. Eine Krisenstabsübung zum Beispiel kann in Richtungen „abbiegen", die im Vorfeld nicht vorhersehbar waren.

Übungen sind also komplexer und sie können eine oder mehrere Tests mit umfassen. So könnte eine Business-Continuity-Übung sowohl einen Test des Notstromaggregats enthalten als auch einen Test eines Backups (indem Sie zum Beispiel ein System aus dem Backup wiederherstellen).

8.1 Tests

Generell können wir auch sagen, dass Tests einen regelmäßigen Charakter haben. Sie testen Ihre Backups z. B. monatlich, den Stromerzeuger einmal im Quartal und die telefonische Alarmierung mindestens jährlich. Meistens geschieht dies nach dem gleichen Schema. Im Vordergrund steht dabei nicht nur, ob etwas technisch und organisatorisch funktioniert, sondern auch der Trainingscharakter. Handgriffe und Abläufe werden immer und immer wieder geübt. Im Idealfall, Sie erinnern sich, bis Sie in „Mark und Bein" übergehen.

Unter die Kategorie „Test" fallen auch die regelmäßigen Räumungen, die gerne als Evakuierungs- oder Räumungsübung bezeichnet werden. Aber wollen wir mal nicht zu streng sein. Da sie wiederholt nach gleichem Schema ablaufen, sind es Tests und das Ergebnis ist klar bewertbar: Waren alle Personen nach X Minuten aus dem Gebäude heraus und am Sammelplatz? Bestanden oder nicht bestanden?

Eine kleine Übersicht über verschiedene Tests im Störungs-, Notfall- und Krisenmanagement:

- Alarmierungskette und Alarmierungssystem testen (z. B. Intercom, Telefonkette, Mass-Notification-Tool),
- Erreichbarkeit von Dienstleistern für den Notfall testen,
- Erreichbarkeit des Krisenstabes testen,
- Notstromaggregat, Unterbrechungsfreie Stromversorgung, Brandmeldeanlage, Gefahrenmeldeanlage…,
- Räumung von Gebäuden,
- Erste-Hilfe-Ausstattung prüfen,
- Feuerlöscheinrichtungen prüfen,
- Zufahrt von größeren Fahrzeugen und Aufstellung von Fahrzeugen (z. B. Feuerwehrfahrzeuge, aber auch Logistikfahrzeuge, wenn Sie ein Lager räumen müssen),
- Alternative Standorte prüfen und den Weg dorthin inkl. Alternativrouten abfahren (Fahrzeit),
- Backup-Restore und Recovery-Tests für Ihre IT-Systeme,
- Kommunikationsmittel prüfen,
- Werkzeuge, Ersatzteile, Vorratshaltung prüfen und auf Haltbarkeit und Einsetzbarkeit prüfen und
- Pläne, Verzeichnisse und Checklisten auf Vollständigkeit und Aktualität prüfen.

Die Liste ist bei weitem nicht vollständig, aber Sie haben die Idee sicher verstanden.

8.2 Übungen

Auch Übungen können in unterschiedlicher Form und Tiefe durchgeführt werden. Jede Übung hat zum Ziel Verbesserungen zu erzielen. Deshalb ist eine gute und ehrliche Auswertung wichtig: Was lief gut und hat funktioniert, was funktionierte gar nicht? Seien Sie hier ehrlich zu sich und lernen Sie als Unternehmen. Und: Es läuft nie perfekt…

Von einem Schreibtischtest (der eigentlich eine Übung ist) bis zu einer voll angelegten Notfallübung ist dabei alles Mögliche denkbar. Hier eine kleine Übersicht:

- **Planbesprechung (auch Schreibtischtest)** – ein Krisenstabs- oder Business-Continuity-Plan wird besprochen und dabei logisch geprüft (stimmen die Schritte, die Entscheidungen, sind alle enthaltenen Daten noch aktuell)? Es geht dabei vor allem darum, den logischen Ablauf zu prüfen und auch in die Köpfe der Beteiligten zu bringen.
- **Simulation** – wir nehmen an, der Plan würde aktiviert. Wie laufen die Maßnahmen ab? Dazu brauchen Sie aber eine Übungsleitung, die für Sie die „Außenwelt" simuliert. Wenn Sie also Maßnahmen entscheiden, gibt Ihnen die Übungsleitung als Feedback, ob die Maßnahme erfolgreich war oder nicht, wie lange es gedauert hat und ob Sie z. B. Dienstleister oder externe Experten mit einbeziehen können. Eine Simulation braucht gute Vorbereitung und eine Art Drehbuch, in dem festgelegt ist, was wann durch die Übungsleitung an die Übungsteilnehmer an Input gegeben werden soll. Sie stressen also das übende Team und setzen es unter einen realistischen (oder vielleicht sogar darüber hinaus gehenden) Druck. Dabei können Sie auch Beobachter*innen einsetzen, die auf die Zusammenarbeit im übenden Team schauen und wertvolles Feedback geben können.
- **Teilübung** – z. B. im Rahmen einer Simulation können Sie einzelne Elemente nicht nur in der Theorie der Simulation besprechen, sondern tatsächlich üben. Sie können also Tests mit einbauen und z. B. wirklich einen IT-Recovery-Test mit integrieren, um daraus Erkenntnisse zu gewinnen. Dies gibt ein realistisches Zeitgefühl, wenn die Übenden auf Rückmeldung warten müssen. Auch können Sie eine Gebäuderäumung damit verbinden, die Arbeit des Krisenstabs zu üben, in dem dieser sich an einem anderen Standort einfindet und die Arbeit aufnimmt.
- **Vollübungen** – diese haben den höchsten Lerneffekt, sind aber auch sehr aufwendig zu planen und vorzubereiten. Bei Vollübungen nehmen Sie z. B. einen Business-Continuity-Plan und spielen diesen komplett durch – in der Praxis, mit allem was dazugehört. Der Erkenntnisgewinn ist meist gigantisch, allerdings auch der Aufwand.

Deshalb bietet es sich an, Vollübungen mit guten Gelegenheiten zu verbinden. Z. B. kann ein Umzug einer Abteilung an einen anderen Standort als willkommener Anlass genommen werden, im Rahmen des Umzugs den Business-Continuity-Plan zu üben.

Es wird Themen geben, die Sie nur mit Simulation oder maximal mit Teilübungen belegen werden, weil Ihnen eine Vollübung zu aufwendig oder schlicht zu riskant ist. Apropos: Achten Sie immer darauf, dass weder von Tests noch von Übungen Risiken für die Sicherheit von Menschen, Tieren oder die Umwelt entsteht noch eine Unterbrechung Ihrer Produkte oder Dienstleistungen.

Manche Übung ist schon furchtbar schief gegangen und hat sich schneller zum echten Notfall entwickelt als gedacht. Das Unglück von Tschernobyl ist eines der prominenten Beispiele dafür. Deshalb: Machen Sie eine gründliche Risikoanalyse für jede angedachte Übung und auch für Tests. Was kann schief gehen, was müssen Sie vorbeugend tun?

8.3 Test und Übungsprogramm

Im Rahmen eines Business-Continuity-Management-Systems gilt: Gehen Sie systematisch vor. Legen Sie ein Test- und Übungsprogramm an, in dem alle vorgesehenen Tests und Übungen geplant werden.

Ideal ist es, einen Zeitraum von drei Jahren mit einem solchen Programm abzudecken. Listen Sie alle Pläne und Elemente auf, die Sie testen und üben wollen, und planen Sie über die drei Jahre, wann, wie oft und mit welchen Methoden Sie testen und üben wollen. Variieren Sie dabei die Methoden durch, damit im Idealfall jeder Notfall- und Business-Continuity-Plan einmal in den drei Jahren vollständig oder zumindest teilweise geübt wurde, aber jeder Plan eine jährliche Planbesprechung erhält. Durch dieses Programm behalten Sie einen guten Überblick und nutzen die zur Verfügung stehenden Mittel und Ressourcen ideal aus. Bedenken Sie auch, welches Wissen und welche Fertigkeiten Sie durch die Tests und Übungen vermitteln wollen.

Jede Übung sollte einem Review unterzogen werden. Ermitteln Sie dazu, was gut war und wo Verbesserungen erzielt werden sollen. Welche Erkenntnisse gibt es für jede Phase des Business-Continuity-Lebenszyklus, also für Business-Impact-Analyse, Auswahl der Strategien und die Pläne und Reaktion?

Gibt es den Bedarf, gewisse Themen häufiger zu schulen oder zu üben? Passen Sie Ihre Planungen an und geben Sie Ihrem Management Feedback im Rahmen der Managementbewertung.

Machen Sie sich bitte auch immer wieder klar, dass Testen und Üben sein müssen, soll Ihr Unternehmen in der Lage sein, in einer Störung richtig zu agieren. Schnell sind Übungen verschoben, weil gerade „Wichtigeres" zu tun ist. Zeigen Sie dem Management in der Managementbewertung deutlich, wenn der „Tank" leer ist, – dazu mehr in Abschn. 9.1.3.

Und noch eine Bitte: Üben Sie bitte nicht nur „bei schönem Wetter". Wer Übungen immer rechtzeitig ankündigt und bequem hält, wird weder annähernd an das Stresslevel einer echten Situation herankommen noch die Lern- und Übungseffekte erzielen, die nötig sind. Üben Sie auch unangekündigt, mit schlechten Rahmenbedingungen. Es gibt auch Unternehmen, die es sich trauen, nachts oder am Wochenende eine Übung durchzuführen. Selbstredend, dass alle Beteiligten dafür angemessen entschädigt werden. Echter Stress und ungemütliche Erfahrungen während einer Übung werden Ihnen helfen, im Ernstfall besser gewappnet zu sein!

8.4 Kleiner Exkurs – Disaster Recovery Tests

Lassen Sie uns einen kleinen Exkurs machen, der aber wichtig ist: Wie wird getestet, um IT-Systeme wiederherstellen zu können (sogenannte DR-Tests). Diese Tests (denn um solche handelt es sich hier meistens), sollen unterschiedliche Aspekte abdecken.

Es gibt sogenannte „Functional Tests", um die Wiederherstellung der Funktionsfähigkeit von Applikationen zu überprüfen. „Load Tests", um das Verhalten einer Applikation oder eines Systems auch unter hohen Lasten zu erkennen, und „Full Tests", die alle möglichen Aspekte umfassen (funktional und Belastung).

Folgende Testarten sollten Sie weiterhin unterscheiden:

- Restore Test: Herstellung von Daten aus einem Backup (dies kann auch eine selektive Rücksicherung einer bestimmten Datei sein).
- Recovery Test: umfassende Herstellung zum Beispiel einer Datenbank oder einer Applikation aus Backups.
- Failover Test: Es wird geprüft, ob eine zu testende Instanz (z. B. eine Netzwerkverbindung) bei einer Störung automatisch auf eine andere Verbindung wechselt und damit eine Unterbrechung verhindert wird und
- Failback: Sie können von einem geklonten System wieder auf das primäre System zugreifen bzw. dieses System starten.

Sie sollten auch diese – und nach Rücksprache mit Ihren IT-Experten noch weitere – Testvarianten in Ihr Übungs- und Testprogramm aufnehmen. Wichtig ist hier vor allem das Zusammenspiel mit dem Notfall- und Business-Continuity-Management anderer Abteilungen und mit Bereichen Ihres Unternehmens.

8.5 Testen und üben lohnt sich

Ja, es ist anstrengend und kostet Energie, regelmäßig Übungen und Tests durchzuführen. Aber es lohnt sich. Je konsequenter Sie dranbleiben, umso sicherer können Sie im Lauf der Zeit werden, dass Ihr Unternehmen in der Lage ist, mit Störungen und Unterbrechungen umzugehen.

Ihr Transfer in die Praxis

- Planen Sie Übungen und Tests über einen längeren Zeitraum; beachten Sie dabei, dass Sie unterschiedliche Methoden anwenden und möglichst alle Elemente Ihres BCM berücksichtigen.
- Beachten Sie, dass auch Tests und Übungen selbst für Störungen sorgen können; planen Sie deshalb sorgfältig.
- „Pseudoübungen" helfen Ihnen leider wenig: gehen Sie wirklich ran und lernen Sie. Im Ernstfall müssen die Abläufe und Handgriffe sitzen!
- Beachten Sie, dass es Besonderheiten beim Desaster Recovery gibt.

9

Business-Continuity-Management und Unternehmenskultur

> **Was Sie aus diesem Kapitel mitnehmen**
>
> - Wie Business-Continuity-Management in der Kultur eines Unternehmens verankert werden kann
> - Wie elementar die aktive Unterstützung der Geschäftsleitung ist
> - Welche Rollen und Kompetenzen nötig sind
> - Wie Sie die Wirksamkeit Ihres BCM regelmäßig bewerten können

Nun haben wir einen Großteil der Strecke zurückgelegt und wollen uns noch einmal einem wichtigen Thema widmen, um Ihr Business-Continuity-Management-System abzurunden. Es geht darum, so haben wir festgestellt, weit mehr zu erreichen, als ein paar Pläne in die Schublade zu legen. Es geht darum, die ganze Organisation zu stärken und so zu gestalten, dass sie mit Störungen und Notfällen besser umgehen kann. Es geht um die Resilienz Ihres Unternehmens.

Dafür sind einige Bausteine die Grundlage, die wir in diesem Kapitel betrachten wollen. Vor allem geht es dabei um die Menschen und um die Kultur für Business Continuity.

9.1 Kultur der Vorbereitung

Der ehemalige CEO von Intel, Andy Grove, schrieb vor Jahren ein Buch mit dem deutschen Titel „Nur die Paranoiden werden überleben" (Erstveröffentlichung 1988). Stimmt es, dass nur die Paranoiden eine Überlebenschance haben? Zumindest ist eine gesunde Vorsicht (und vor allem Umsicht) eine gute Voraussetzung für ein langes (Unternehmens)-Leben. In der Forschung zur Widerstandsfähigkeit von Unternehmen (Organizational Resilience) sind einige dieser kulturellen Faktoren erforscht worden.

Deshalb lassen Sie uns kurz und knackig auf ein paar dieser Einflussgrößen schauen, die auch Ihnen helfen können, überlebensfähiger zu werden.

9.1.1 Psychological Safety

Unter Psychological Safety verstehen wir kurz und knapp eine Kultur im Unternehmen, in der Fehler von jeder Person zu jeder Zeit angesprochen werden dürfen und sollen. Der Grundgedanke hat sich in Hochverfügbarkeitsorganisationen, der Medizin und der Fliegerei, entwickelt. Der Kern ist: Wenn etwas nicht stimmt oder wenn ein Fehler passiert ist, kann dieser immer und ohne negative Folgen offen angesprochen werden. Die meldende Person hat keine negativen Folgen zu befürchten und darf und soll offen sprechen können.

Ein solches Vorgehen hilft Ihrem Unternehmen, Situationen rechtzeitig zu erkennen und zu behandeln, die sonst zu Problemen und Störungen führen könnten. Deshalb ist es empfehlenswert, eine solche offene Kultur zu verankern.

9.1.2 Situational Awareness

Situational Awareness bedeutet, dass sich die Mitglieder Ihres Unternehmens und Sie selbst sich der Situation bewusst sind, in der Sie sich oder Ihr Unternehmen befinden um dann entsprechend (und hoffentlich richtig) handeln zu können. Situational Awareness soll dabei durch

Übung und Wiederholung möglichst so verankert sein, dass Sie schnell und intuitiv eine Situation erkennen und darauf reagieren können. Z.B. erkennen Sie, dass eine E-Mail ein seltsames Merkmal trägt, weshalb Sie diese nicht öffnen. Oder Sie erkennen, dass in einer Störungsbehandlung ein Problem auftaucht; Sie spüren also quasi, „dass etwas nicht stimmt". Diese Fähigkeit kann helfen, ein Unternehmen vor Unterbrechungssituationen zu schützen und kann die Basis für die Störungsbehebung bilden.

9.1.3 Survival Mentality

Das psychologische Konzept der Überlebensfähigkeit (oder wörtlich übersetzt: Überlebensmentalität) ist eine Kombination unterschiedlicher Faktoren, die die Faktoren selbst und die Einstellungen einer Person zu einer lebensbedrohlichen Situation beschreiben. Menschen mit einer ausgeprägten Survival Mentality überleben bedrohliche Situationen eher als Menschen, die eine solche Mentalität nicht ausgeprägt besitzen. Nun mögen Sie sagen, dass es in Ihrem Unternehmen nicht lebensbedrohlich zugeht. Dennoch kann es entscheidend sein, in Übungen und Trainings Grundfähigkeiten zu trainieren. Fähigkeiten, wie einen Rundum-Blick in einer instabilen Situation zu behalten, sich und andere in Sicherheit zu bringen, nicht zu warten, bis detaillierte Anweisungen von „Autoritätspersonen" kommen, sondern aktiv zu werden.

Tests haben zum Beispiel gezeigt, dass Personen in einem Raum mit Rauchentwicklung zunächst abwarten, was passiert, etwa, ob sich eine andere Person bewegt und die Flucht ergreift. Es wird instinktiv nach einer Führungsperson Ausschau gehalten, der man folgt. Ich kenne solche Situationen aus eigener Erfahrung. Machen Sie dies Ihren Kolleg*innen bewusst und üben Sie, die Initiative zu ergreifen.

9.1.4 Achtsamkeit oder Mindfulness

Ein Begriff, der sehr populär geworden ist und unter anderem aus der buddhistischen Tradition in unseren Kulturkreis eingeflossen ist. Aber für ein Unternehmen, das überlebens- und zukunftsfähig sein will, ist es wichtig, dass Menschen achtsam sind. Vor allem in Gefahren-, Störungs- und Notfallsituationen. Deshalb sollten Sie versuchen, diese Achtsamkeit für unterschiedliche Faktoren und Entwicklungen und auch für die eigenen emotionalen Reaktionen auf Stress und Gefahrensituationen zu stärken. Eigene emotionale Reaktionen können Sie mitreißen und zu falschen Reaktionen veranlassen. Deshalb sollten Sie Mindfulness üben. Dazu gibt es viele Kursangebote.

9.2 Aktive Unterstützung durch die Geschäftsleitung

Business-Continuity-Management braucht eine aktive Unterstützung durch die Geschäftsleitung. Dazu gehören neben den notwendigen Ressourcen Entscheidungen zum Beispiel zu Risikoappetit und Business-Continuity-Strategie.

Wichtig ist aber auch die persönliche aktive Unterstützung: aktive Teilnahme an Übungen und Tests und Motivation des Managements und der Mitarbeitenden zur Mitarbeit am BCMS. Nicht selten sind Business-Continuity-Projekte schlicht und ergreifend „ausgetrocknet", weil die Ansprechpartner im mittleren Management keine Zeit aufbringen oder die Prioritäten bei anderen Themen liegen und damit bis dato alle Versuche, ein BCMS einzuführen, zum Scheitern verurteilt waren.

Deshalb versuchen Sie in der Geschäftsleitung eine Patin oder einen Paten für das BCMS zu finden, um diese Unterstützung im Unternehmen nicht nur zu ermöglichen, sondern, wo es nötig ist, auch einzufordern. Dieses Top Management-Commitment ist eine Daueraufgabe; wir haben gesehen, wie wichtig es ist, die Maßnahmen im Business-Continuity-Management regelmäßig durchzuführen und aktuell zu halten.

Kompetenz und Rollen im BCMS
Ein weiterer wichtiger Faktor für ein gelingendes Business-Continuity-Management-System ist es, Rollen und Verantwortungen zu definieren,

Befugnisse zu delegieren und für die Ausbildung der Personen zu sorgen. Generell stellt die ISO 22301 wenige konkrete Anforderungen an die Rollen und Kompetenzen und stellt es weitgehend dem Unternehmen frei, welche definiert werden sollen. Hier eine kleine Aufstellung möglicher Rollen, von deren Verantwortungen und Befugnissen sowie einer wünschenswerten Qualifikation (vgl. Tab. 9.1). Diese Liste ist nur als Empfehlung zu verstehen und kann und sollte für jedes Unternehmen kritisch geprüft werden.

Diese Liste soll ein Anhaltspunkt sein und ist nicht vollständig oder pauschal auf jedes Unternehmen anwendbar. Seien Sie mutig, die Rollen für Ihr Unternehmen anzupassen und vor allem auch die nötigen Befugnisse festzulegen.

9.3 Indikatoren, Metriken, Reviews – Das Managementreview

Wir haben schon in Abschn. 8.3 über die Bewertung eines BCMS gesprochen und unterschiedliche Indikatoren vorgestellt. In diesem Kapitel wollen wir diese Gedanken noch einmal zusammenfassen und überlegen, wie ein Cockpit für ein Business-Continuity-Management-System aussehen kann.

Das Ziel eines solches Cockpits ist es, die Wirksamkeit erfassen und für die Verbesserung des BCMS Entscheidungen treffen zu können. Zielgruppe ist neben Business-Continuity-Managern die Geschäftsführung. In Abb. 9.1 sehen Sie eine symbolhafte Darstellung von Risikoindikatoren (Tachometer) und Preparedness-Indikatoren (Tankanzeige). Was könnte in einem solchen Cockpit dargestellt sein (vgl. Tab. 9.2), das die wichtigsten Aspekte dieses Buches zusammenfasst?

Kennzahlen und Indikatoren stehen natürlich nie für sich allein. Es geht immer um die Frage, welche Themen am Business-Continuity-Management-System das Unternehmen wozu und wie beeinflussen will. Deshalb ist der ultimative Adressat aller Erkenntnisse über das BCMS inklusive der Kennzahl die Managementbewertung. Das Top Management bewertet mindestens jährlich, ob das BCMS für das

Tab. 9.1 Beispiele zu Rollen, Aufgaben und Kompetenzen

Rolle	Verantwortung	Befugnis	Kompetenz
Management-Sponsor (meist Geschäftsführung)	• Wichtigkeit von Business Continuity im Unternehmen kommunizieren • Ressourcen bereitstellen • Risiko-Appetit prüfen und festlegen • Mitwirkung an Business-Impact-Analyse • Prüfen und Freigeben von Business-Continuity-Strategie, Risikobehandlungsplan und Restrisiken • Teilnahme an Übungen • Durchführen von Managementbefugnissen • Abstimmung mit Kunden und Dienstleistern, verhandeln von Vereinbarungen zum BCM	• Entscheidet über Budget, Personaleinsatz • Entscheidet über Risikoakzeptanz • Haftet für Risikoentscheidungen	Schulung zum BCMS, um ein Grundverständnis zu erhalten und die relevanten Entscheidungen treffen zu können (4 bis 8 Std.)

(Fortsetzung)

Tab. 9.1 (Fortsetzung)

Rolle	Verantwortung	Befugnis	Kompetenz
Business-Continuity-Manager*inn oder Business-Continuity-Beauftragte(r)	• Verantwortet den Aufbau und Betriebs des BCMS im Unternehmen • Berichtet regelmäßig an den Management-Sponsor zur Wirksamkeit, Angemessenheit und Eignung des BCMS • Koordiniert Aufgaben mit den Fachbereichen • Führt ggf. Maßnahmen wie Business-Impact-Analyse selbst durch • Verantwortet Übungs- und Testprogramm • Erheben und Auswerten von Indikatoren und Kennzahlen zum BCMS • Steuert Aufgaben aus Audits, Übungen und Post-Incident-Reviews	• Delegation von oder zumindest einfordern von Mitarbeitern bei Aufgaben im BCMS an die Fachabteilungen, z. B. Durchführen von Business-Impact-Analysen • Jederzeitiges Berichtsrecht an den Management-Sponsor • Planen und durchführen auch von unangekündigten Übungen und Tests im BCMS	• Ausführliche Schulung im Aufbau und Betrieb eines BCMS (min. 3 Tage) • Schulung/Erfahrung in der Behandlung von Störungen und Notfällen • Schulung/Erfahrung im Krisenmanagement

(Fortsetzung)

Tab. 9.1 (Fortsetzung)

Rolle	Verantwortung	Befugnis	Kompetenz
BC-Koordinator in den Fachabteilungen/ Standorten	• Arbeitet Business-Continuity-Manager*in in einer Fachabteilung oder aus einem Standort des Unternehmens aus zu • Führt z. B. Business-Impact-Analysen durch oder ist an diesen aktiv beteiligt • Ist an Planung und Durchführung von Tests/Übungen beteiligt • Verantwortet die Business-Continuity-Pläne im eigenen Fachbereich und aktualisiert diese	• Hat ausreichend zeitliche Ressourcen für die Zuarbeit im BCMS • Zugriff auf Informationen, die z. B. für Business-Impact-Analysen notwendig sind	• Basis-Schulung im BCMS (min. 8 Std.) um Verständnis für die Verfahren und eingesetzten Tool zu haben und diese anwenden zu können
Auditor*in[1]	• Führt regelmäßig interne Audits und Audits bei Lieferanten zum Business-Continuity-Management, Notfallmanagement und Krisenmanagement durch • Verantwortet Auditprogramm und Auditplanung • Sorgt für Nachverfolgung von Auditergebnissen, damit diese wirksam umgesetzt werden	• Plant Audits und bezieht dazu die Fachbereiche ein • Plant Audits mit Dienstleistern • Kann Audits „anordnen" • Setzt Nachaudits an, um Auditabweichungen zu bewerten	Ausbildung als BCMS Interne Auditor*in (mind. 2 Tage) oder Lead Auditor BCMS (5 Tage)

(Fortsetzung)

---

[1] Jede Person im BCMS kann auch die Funktion als Auditor*in wahrnehmen. Allerdings sollten keine Auditor*innen ihre eigenen Zuständigkeitsbereiche auditieren. Sorgen Sie deshalb für eine entsprechende Rollentrennung.

Tab. 9.1 (Fortsetzung)

Rolle	Verantwortung	Befugnis	Kompetenz
Krisenstabsleiter	• Koordinieren der Krisenstabssitzungen • Moderieren von Entscheidungsfindungen • Informationen an Kunden, Geschäftsleitung, Behörden und andere Stakeholder vornehmen oder veranlassen • Koordinieren der Zusammenarbeit im Krisenstab	• Vetorecht gegen Krisenstabsentscheidungen • Verfügung über ein Notbudget für Krisen • Anordnungen treffen im Rahmen der Krisenbewältigung	• Gute Kenntnisse des Unternehmens und seiner Abläufe • Kenntnis der Stakeholderstruktur des Unternehmens • Kennt den Aufbau und die Abläufe im Krisenstab • In der Lage, schwierige Entscheidungen systematisch zu treffen
Mitarbeiter*in in Krisenstab	• Einbringen des „Krisenhandwerks", wie • Entscheidungen protokollieren, • die aktuelle Lage zusammenfassen und darstellen, • bewerten eingehender Informationen für den Stab, • Kommunikation mit den Notfallteams, • Bereitstellen von Ressourcen	• Anwesend bei allen Krisenstabsbesprechungen • alle Erkenntnisse mit, um ein vollständiges Lagebild zu erstellen	• Ausbildung in den Krisenstabsfunktionen (vorgesehene Funktionen und ggf. Vertretungsfunktionen) • Üben und trainieren der Zusammenarbeit im Krisenstab • Kommunikation im Krisenfall

(Fortsetzung)

Tab. 9.1 (Fortsetzung)

Rolle	Verantwortung	Befugnis	Kompetenz
Krisenstabsmitglied	• Einbringen der jeweiligen fachlichen Sicht in den Krisenstab (z. B. Rechtlich, Fachabteilung, usw.) • Einbringen aller bekannter Informationen, die für eine Entscheidung im Krisenstab notwendig sind • Teilnahme an allen Krisenstabssitzungen	• Können alle nötigen Informationen für die Krisenstabsarbeit einfordern von den Notfallteams und aus ihren Fachbereichen im Unternehmen • Kenntnis aller Entscheidungen und Informationen im Krisenstab	• Sehr gute Kenntnisse in Ihrem Fachbereich • Sehr gute Kenntnisse des Unternehmens und seiner Partner und Lieferanten
Leiter*in Notfallteam	• Führt ein Notfallteam, das an der akuten Bearbeitung einer Notfallsituation beteiligt ist • Regelmäßige Information, entweder an die Manager*in vom Dienst oder, wenn der Krisenfall erklärt ist, an den Krisenstab über den Fortschritt der Arbeiten und alle Vorkommnisse	• Verfügt über alle Ressourcen in ihrem Zuständigkeitsbereit für die Notfallbearbeitung • Erteilt Anweisungen an das Notfallteam • Direkte Zusammenarbeit mit externen Kräften zur Notfallbehandlung	• Schulung als Leiter*in Notfallteam • Sehr gute Kenntnisse in der Fachabteilung des betroffenen Unternehmens • Erfahrung in Störungs- und Notfallmanagement

(Fortsetzung)

Tab. 9.1 (Fortsetzung)

Rolle	Verantwortung	Befugnis	Kompetenz
Manager*in vom Dienst	• Nimmt in der eigenen Dienstzeit (auch nachts und Wochenende) Meldungen an, die von Störungs- oder Notfallteams stammen • Entscheidet, ob entweder der Krisenfall und/oder ein Business-Continuity-Plan aktiviert werden muss • Informiert je nach Geschäftsverteilungsplan Mitglieder der Geschäftsführung oder externe Partner und Kunden über Störungen und Notfälle • Nimmt Kontakt zu externen Stellen im Auftrag des Unternehmens auf, wenn dies zur Störungsbehebung nötig ist und nicht in den Störungs- und Notfallbehandlungsplänen enthalten ist	• Agiert im Auftrag der Geschäftsführung • Trifft Entscheidungen über die Aktivierung des Krisenstabs und beruft diesen ein • Entscheidet über die Aktivierung eines Business-Continuity-Plans	• Sehr gute Kenntnis des Geschäftsverteilungsplans • Schulung und Kenntnis im Krisen- und Business-Continuity- Management

Abb. 9.1 Beispiel für Risikoindikator und Preparedness-Indikator

Unternehmen geeignet und angemessen umgesetzt ist und ob es vor allem wirksam ist.

Also nochmals: Welche Aspekte des BCMS werden wozu und wie erfüllt?
Das Top Management erhält Informationen über die Leistung des BCMS, über alle Elemente des Business-Continuity-Lifecycles, die Risikosituation, alle Auditergebnisse, Kennzahlen und natürlich Informationen über alle tatsächlichen Störungen, Notfälle, Krisen und Aktivierungen von Business-Continuity-Plänen.

> **Es geht im Kern um die Fragen**
> - Was hat gut funktioniert?
> - Konnten wir Schäden für das Unternehmen vermeiden, die nicht akzeptabel sind?
> - Waren wir in der Lage, schnellstmöglich wieder im Normalbetrieb zu sein?
> - Ist das BCMS effizient? Was könnte einfacher umgesetzt werden?
> - Was sagen unsere Kunden, Stakeholder und z. B. Auditoren?
> - Welche Änderungen müssen wir herbeiführen? Was wollen und müssen wir verbessern?
> - Welche Ressourcen wollen und können wir für das BCMS bereitstellen?
> - Sind wir gut vorbereitet?

Wer noch genauer in die Aufgaben und Fragestellungen der Managementbewertung eintauchen möchte, kann dies in Abschn. 9.3 der ISO 22301 und Abschn. 9.3 der ISO 22313 tun. Dort finden Sie weitere Hinweise und Empfehlungen.

Tab. 9.2 Beispiele für Risiko- und Preparedness-Indikatoren

Indikator	Risikoindikator oder Preparedness-Indikator[2]	Aussagekraft
Business-Impact-Analysen durchgeführt und aktuell?	Preparedness	Sind alle nötigen Business-Impact-Analysen durchgeführt worden oder aktualisiert worden? Bezugszeitraum ist zumeist ein Kalenderjahr
Gesamtrisiko	Risikoindikator	Wie entwickelt sich die Risikosituation des Unternehmens? Je höher, umso stärker ist das Unternehmen Risiken ausgesetzt. Wichtig ist vor allem eine Trendanalyse
Business-Continuity-Pläne geprüft und aktuell?	Preparedness	Sind alle Business-Continuity- (und auch Notfallmanagement-)pläne) im betrachteten Zeitraum geprüft und aktualisiert worden? Bezugszeitraum höchstens ein Kalenderjahr
Business-Continuity-Übungen und -tests inkl. Krisenstabsübungen	Preparedness	Sind ausreichend Übungen und Tests durchgeführt worden? Vorschlag für den Aufbau: Für jeden Test gibt es einen Punkt, für jedes Review eines Planes ein Punkt, für jede Simulation zwei Punkte, für eine Teilübung drei Punkte und eine Vollübung fünf Punkte Als Ziel legen Sie fest, wie viele Übungspunkte pro Jahr gesammelt werden sollen (z. B. 20 Punkte)
Business-Continuity-Schulungen und Sensibilisierungen	Preparedness	In einem Kalenderjahr soll eine gewisse Anzahl von Schulungen und Sensibilisierungen durchgeführt werden und dabei sollen möglichst alle aktiven Mitarbeitenden erreicht werden

(Fortsetzung)

---

[2] Risikoindikator zeigt an: Je niedriger, umso günstiger für das Unternehmen; deshalb sollte es das Ziel sein, die Zahlen so weit wie möglich zu verringern.

Preparedness-Indikator: Je höher, umso besser; Sie sollten also so viel wie möglich durchführen, um das Unternehmen besser schützen zu können.

Tab. 9.2 (Fortsetzung)

Indikator	Risikoindikator oder Preparedness-Indikator[2]	Aussagekraft
Aktivierungen	Risikoindikator	Wie oft wurden im Berichtszeitraum • Störungen • Notfälle • Business-Continuity-Plan • Krisenstab gemeldet? Das Ziel ist eine Trendanalyse, die Auswertung erfolgt mindestens jährlich
Post-Incident-Review	Preparedness	Wurde für alle Aktivierungen ein Post-Incident-Review durchgeführt und wurden Verbesserungen erzielt in der Vorbereitung oder Härtung der Organisation? Bezugszeitraum jährlich
Adäquate Rollenbesetzung	Preparedness	Sind alle nötigen Rollen im BCMS adäquat besetzt? Dabei kann mit betrachtet werden, ob die Rolleninhaber auch an regelmäßigen Fortbildungen teilnehmen. Auswertung in der Regel jährlich

Mit dem Management-Review haben wir nun einen Zyklus unseres BCMS abgeschlossen, der Kreislauf beginnt von Neuem, um das BCMS zu verbessern und an veränderte Anforderungen anzupassen. Wir kommen nun langsam, aber sicher zum Ende unseres Buches über Business-Continuity-Management-Systeme.

> **Ihr Transfer in die Praxis**
>
> - Sorgen Sie dafür, dass BCM in der Kultur Ihres Unternehmens verankert wird; dies ist ein langwieriger, aber vielleicht überlebenswichtiger Prozess
> - Fordern Sie die aktive Unterstützung durch die Geschäftsleitung ein
> - Definieren Sie notwendige Rollen in Ihrem BCMS, die Aufgaben und Befugnisse, die damit verbunden sind, und welche Qualifikationsanforderungen an die Rolleninhaber gelten
> - Was Sie messen, können Sie steuern. Sorgen Sie deshalb dafür, dass die Wirksamkeit des Business-Continuity-Managements regelmäßig überprüft wird

10
Überleben UND wachsen – Survive AND Prosper

> **Was Sie aus diesem Kapitel mitnehmen**
>
> - Dass Sie Business-Continuity-Management mit anderen wichtigen Aspekten Ihres Unternehmens verknüpfen sollten, damit Sie bereit sind, zu überleben und zu wachsen

Nachdem Sie nun ein Business-Continuity-Management-System in Ihrem Unternehmen eingeführt haben, stellt sich die Frage: Wie geht es danach weiter? Welche weiteren Schritte sind zu empfehlen?

Darauf gibt es zwei mögliche Antworten: Verbessern und optimieren Sie Ihr Business-Continuity-Management-System weiter. Bleiben Sie am Ball und sorgen Sie dafür, dass Ihr Unternehmen stets auf Unterbrechungsszenarien vorbereitet ist und bleibt. Die Werkzeuge dazu haben wir in diesem Buch beschrieben. Die Herausforderung ist tatsächlich, laufend an den Aufgaben zu bleiben. Die Versuchung ist groß, Aufgaben am BCM zu verschieben, weil gerade Dringenderes ansteht und darauf zu hoffen, dass in der Zwischenzeit keine Unterbrechung passiert. Das mag immer wieder funktionieren, ist aber auf Dauer ein gefährliches Spiel. Denn wenn ein Szenario eintritt und Sie unvorbereitet oder schlecht vorbereitet erwischt, sind die Chancen Schäden zu vermeiden, deutlich geringer. Versuchen Sie also immer aktuell zu bleiben. Entwickeln Sie Gewohnheiten, um Änderungen in Ihren Plänen sofort durchzuführen. Bleiben Sie hartnäckig, was Übungen und Tests angeht. Irgendwann wird es Ihnen das Unternehmen danken!

Wenn Ihr BCMS stabil und zufriedenstellend funktioniert, ist es an der Zeit, Ihr Managementsystem zu erweitern und andere für das Unternehmen überlebenswichtige Themen zu verankern. Diese Themen können sein:

> **Tipp**
> - Informationssicherheit und Datenschutzmanagement
> - Energiemanagement
> - Umweltmanagement
> - Arbeitssicherheit und Gesundheitsschutz
> - Anti-Korruption
> - Soziale Verantwortung
> - Und natürlich: Qualität und Servicemanagement

Alle diese Themen lassen sich in einem Managementsystem zusammenführen und gemeinsam steuern. Die Fachwelt spricht dann von „Integrierten Managementsystemen".

Dabei sollten Sie aber vielleicht noch einen Schritt weiterdenken: Nämlich, wie Sie dabei immer die Überlebensfähigkeit und die Anpassungsfähigkeit und damit Wachstumsfähigkeit im Unternehmen im Blick behalten.

Diese Fähigkeit nennt die Forschung „Organizational Resilience", oder auch „Unternehmerische Resilienz". Dieser Begriff ist nicht mehr neu, wird aber vor allem seit der Corona-Pandemie deutlich stärker benutzt und uneinheitlich definiert. Lassen Sie uns nochmal definieren: Es geht darum, alle Aspekte systematisch zu steuern, die Sie brauchen, um Störungen und Notfälle als Unternehmen zu überstehen und danach besser vorbereitet und vor allem anpassungsfähiger zu sein.

10 Überleben UND wachsen – Survive AND Prosper

Anpassungsfähiger für neue Kundenwünsche, veränderte Rahmenbedingungen, aber für interne Entwicklungen wie Know-how-Transfer und Teamzusammensetzung.

> Dazu nehmen Sie Ihr bestehendes Business-Continuity-Management-System und ergänzen es um all die Themen, die Sie für Ihr Unternehmen und dessen Anpassungsfähigkeit für wichtig und nötig erachten. Im Idealfall entsteht daraus ein ORMS, ein Organizational Resilience Management System, das zum Ziel hat, Unternehmen eine Struktur zu geben für langfristiges Überleben und Anpassungsfähigkeit: Unternehmen, gebaut für die Ewigkeit!

ISO 22316 nennt die Überlebens- und Anpassungsfähigkeit „Survive and Prosper". Darum geht es und genau dafür wünsche ich Ihnen eine gute Hand, Gelingen und immer ein gutes Gespür!

In diesem Sinn: Survive and Prosper! www.surviveandprosper.com

---

Ihr Transfer in die Praxis

- Suchen Sie den Kontakt zu anderen wichtigen Disziplinen in Ihrem Unternehmen und verknüpfen Sie die Themen – zu einem Organizational Resilience Management System (ORMS).
- Zuletzt: Besuchen Sie uns unter www.surviveandprosper.com

The manufacturer's authorised representative in the EU is Springer Nature Customer Service Centre GmbH, Europaplatz 3, 69115 Heidelberg, Germany. If you have any concerns regarding our products, please contact ProductSafety@springernature.com

Printed and bound by CPI Group (UK) Ltd, Croydon, CR0 4YY
25/03/2026
02078181-0009